쇼펜하우어 서재에서 훔친

아르투어 쇼펜하우어 지음 / 김철 편역

인생 지혜 77선

히웃

쇼펜하우어 서재에서 훔친
인생 지혜77선

들어가며

대한민국에서 가장 인기 있는 철학자를 뽑으라면 단언컨대 쇼펜하우어일 것입니다. 쇼펜하우어는 입에 발린 칭찬을 하지 않습니다. 인간을 믿을 바에는 차라리 개를 믿어라. 인간은 태어난 것 자체가 오류라는 말을 뱉을 정도로 날카롭습니다. 수많은 저서 중에서 따뜻하고 낭만적인 글은 몇 개 되지 않을 정도로 냉혹한 조언으로 유명합니다. 그런 쇼펜하우어의 철학이 인기 있는 이유는 그만큼 직접적인 삶의 지혜가 간절한 시대이기 때문이 아닐까 합니다.

철학자의 가장 큰 관심사는 "왜?"입니다. 보통 사람들이 어떤 현상이나 감정을 보고 지나칠 때 철학자들은 멈춰서서 몇백 번씩 질문을 던집니다. 인간의 본성은 왜 그럴까? 행복이란 무엇일까? 고독과 외로움은 무엇일까? 한 주제에 대해서 몇백 번씩 질문을 하고 그 답으로 만드는 게 철학입니다.

물질적 풍요는 과거와 비교할 수 없을 만큼 풍족해졌지만 인간의 외로움은 더 커졌습니다. 미디어의 발달로 사람들과 쉽게 관계를 맺을 수 있지만 그 어떤 시대보다 인간관계에 지쳐있습니다. 더 빠르고 더 비싸고 더 좋은 물건들은 많이 생겨났지만 행복한 사람은 오히려 점점 더 줄어들고 있습니다. 인생을 어떻게 살아가야 하느냐? 라는 질문에 철학만큼 답이 되어주는 것은 없습니다. 저 역시 보통 사람들처럼 유년 시절을 보내고 직장을 다니고 사람들과의 관계를 맺으며 살아왔습니다. 그러던 어느 날 문득 그런 생각이 드는 것입니다.

"이렇게 살아서는 안 된다."

다른 삶을 살고 싶다는 욕망이 강하게 올라왔지만 방법을 몰랐습니다. 그때부터 철학에 빠져 지금까지 흘러왔습니다. 철학을 공부하면서 가장 많이 했던 생각은 철학자들의 뇌를 훔치고 싶다는 거였습니다. 인생을 바꾸려면 지혜가 필요합니다. 행복에 대한 철학적 관점, 인간관계에 대한 깊은 지혜, 외로움, 지루함, 욕망에 대한 감정적 이해가 필요합니다. 이때 가장 필요한 건 철학자들의 인생 지혜가 아닐까 합니다. 수백 년이 지나도 인간은 변하지 않습니다. 아무리 시대가 달려져도 절대 변하지 않는 인간에 대해서 공부한다면 오늘부터는 다른 삶을 살 수 있습니다. 이 글을 읽는 우리 모두 인간이기 때문입니다.

쇼펜하우어의 대표 저서 인생의 지혜(the Wisdom of Life)와 비관주의 연구(Studies in Pessimism), 여록과 보유(Parerga and Paralipomena) 위주로 편역했습니다. 수많은 글 중 지금 현대인에게 가장 도움이 될 만한 77가지의 이야기를 엄선했습니다. 쇼펜하우어의 서재에서 훔친 삶의 지혜가 여러분의 인생을 조금 덜 괴롭게 해줬으면 좋겠습니다. 인생이란 고통이고 행복은 고통의 부재니까요. 쇼펜하우어의 서재에서 훔친 인생 지혜 77선 이제 시작합니다.

목차

1장_ 삶의 진실, 고통을 응시하라.

01. 기대하지마라 어차피 삶은 실망과 기만이다.
02. 오늘은 나쁘며, 내일은 더 나쁠 것이다. 그렇게 최악에 이를 때까지 계속된다.
03. 고통 없는 삶은 오히려 더 큰 불행이다.
04. 인간은 현재를 희생해 미래의 행복을 사려 하지만 결국 아무것도 얻지 못한다.
05. 모든 행복의 상태는 고통의 부재로 이루어진다.
06. 삶이라는 것은 애초에 선택권 없이 주어진 해결 불가능한 숙제다.
07. 권태라는 감정은 인생이라는 그릇이 처음부터 비어 있음을 직시하는 고통이다.
08. 이성은 예언자라 불릴 자격이 있다.
09. 인간은 항상 지난 날의 선택을 후회하며 과거를 그리워한다.
10. 삶이란 가까이서 보면 추악하며, 아름다움은 항상 멀리 떨어진 곳에서만 존재한다.
11. 인간은 자신이 가진 것은 거의 생각하지 않고 항상 부족한 것만 생각한다.
12. 죽음이 닥쳐올 때에야 인간은 자신이 영원히 살 수 있다는 교만한 환상이 얼마나 무력한 거짓말이었는지 깨닫는다.
13. 사회는 지루하기 짝이 없다.
14. 인간은 존재하는 것 자체가 애초부터 잘못된 설계다.
15. 평범한 인간은 아무 가치가 없다. 오직 개성만이 가치를 부여한다.
16. 내가 하기 싫은 일을 남에게 하지 말라는 충고는 잘못 됐다. 내가 싫다고 남도 싫을 거라는 건 착각이다.
17. 인간이 냉담해지는 이유는 스스로 감당할 수 있는 한계치까지 불행을 이미 짊어지고 있기 때문이다.
18. 신중히 내린 결정도 반드시 후회가 뒤따른다.
19. 증오는 가슴에서 탄생하고 경멸은 머리에서 비롯된다.
20. 오직 지성만이 인간을 종으로부터 구별한다. 위대함은 감정을 초월하는 것이다.

2장_ 행복은 욕망이 만든 신기루다.

21. 사람은 웃고 또 웃어도 악당일 수 있다.
22. 특별한 재능이 있는 사람은 외롭다.
23. 힘은 위기가 찾아오기 전까지 잠들어 있다.
24. 삶을 어떻게 바라보느냐에 따라 인간은 위대해지거나 작아진다.
25. 책으로 세상을 먼저 배우면 세상을 오해한다. 이론보다 경험이 앞서야 한다.
26. 모든 사람에게는 외부의 시선이 필요하다. 친구의 조언을 구하라.
27. 지성의 우열은 존재하지 않는다. 각자의 자리는 각자의 세상이다.
28. 냄새로 깨어난 기억들은 항상 달콤하고 기분 좋다.
29. 내면의 충만함은 외부의 자극이 필요 없다. 혼자 있을 때 웃는 사람이 진정 자유로운 사람이다.
30. 몸짓은 말보다 더 정직하다.
31. 자신의 결점을 인정하는 것이 위대함의 징표다.
32. 지적인 사람에게 소음은 고문 그 자체다.
33. 유용한 것들 사이에 쓸모없는 것들이 삶을 아름답게 만든다.
34. 많이 웃는 것이 곧 행복이다.
35. 너무 가까우면 반드시 상처받는다.
36. 행복과 불행은 모두 내 안에서 태어난다.
37. 행복은 결국 제자리를 찾는 것이다. 자신에게 맞지 않는 옷은 결코 편안할 수 없다.
38. 인간관계에도 파리 같은 사람이 있다.
39. 시간을 소비하지 말고 시간을 활용하라.

3장_ 타인이라는 피할 수 없는 운명

40. 인간이 다른 인간에게 줄 수 있는 것은 별로 없다. 결국 우리는 혼자다.
41. 육체적 즐거움은 순간이고 지적 즐거움은 영원하다.
42. 재산이란 바닷물과 같다. 풍족해질수록 더 목이 마르다.
43. 소중한 삶을 값싸게 낭비하지 말라. 비열한 자들에게 허비할 시간이 없다.
44. 자신에 대한 타인의 생각을 과대평가할수록 불행해진다.
45. 남들보다 늦는다는 것은 남들보다 오래 간다는 것이다. 진정한 인정은 오랜 시간이 필요하다.
46. 인간에게는 다섯 가지의 악덕이 있다. 욕망, 교만, 분노, 탐욕 그리고 증오다.
47. 절제된 삶은 화려하진 않지만 무너지지 않고, 무절제한 삶은 화려하지만 끝내 무너 진다.
48. 돈에 집착하는 사람은 자신의 마음에 불안을 저축하고 있는 것이다.
49. 상처받은 사람들은 인간보다 개를 더 좋아한다. 인간보다 개가 훨씬 더 낫기 때문이다.
50. 누구에게나 숨기고 싶은 내면의 그림자가 있다.
51. 분노를 일으키는 것은 사건 그 자체 때문이 아니다. 인간의 본성 때문이다.
52. 모든 삶은 스스로 내린 결정의 총합이다. 내 인생은 내가 무엇을 원했는지를 보여주는 거울이다.
53. 굳이 복수하거나 자랑하지 마라. 이미 세상은 모두에게 마땅한 보상과 처벌을 주고 있다.
54. 성격은 결코 변하지 않는다. 사람을 바꾸려는 노력은 헛수고다.
55. 누구나 좋은 시절엔 좋은 사람이다. 진짜 모습은 위기 속에서 나타난다.
56. 신뢰가 무너지는 것은 사소한 행동 하나다. 인간관계는 결국 사소한 일로 끝난다.
57. 한 번 배신한 사람은 반드시 같은 방식으로 다시 배신한다.
58. 인간은 자신의 행복보다 남의 불행을 더 달콤하게 여긴다.
59. 나를 마주하는 과정은 끝없는 실망의 반복이다. 하지만 인생은 결국 자신을 알아가는 과정이라는 건 변하지 않는다.

4장_ 나 자신을 아는 것이 진짜 지혜다.

60. 진짜 나쁜 사람은 자기 자신만을 생각하는 사람이다.
61. 행운은 지능순이 아니다. 오히려 머리가 좋을수록 영혼은 불행하다.
62. 한 번 복수를 결심하면 인간은 동물보다 집요해진다.
63. 생각이 너무 많으면 오히려 망설이게 된다. 정답은 본능이 알고 있다.
64. 진정한 행복은 이미 가진 것에 만족하는 것이다. 마음을 비울수록 삶이 풍요로워진다.
65. 사람들은 왜 세상의 비난을 두려워하는가? 명예를 좇으면 결국 자신을 잃는다.
66. 인생을 후회하지 않는 단 하나의 방법은 자제력을 잃지 않는 것이다.
67. 실수 없이 배우는 교훈은 없다.
68. 절대 변하지 않을 사람을 찾는 방법은 간단하다. 그의 선택의 일관성을 보면 된다.
69. 모든 사람의 친구는 결국 누구의 친구도 아니다.
70. 인간은 모두 다르기에 누구에게나 통하는 법칙 같은 건 없다.
71. 우울은 사람을 끌어당기고 불쾌함은 사람을 밀어낸다.
72. 우연의 바람 앞에서 인간은 그저 겨 같은 존재다. 중요한 건 일어난 사건이 아니라 나의 결심이다.
73. 착한 사람은 없고 억눌린 사람만 있다. 힘과 기회가 있으면 악인은 나타난다.
74. 자존심을 건드리면 모든 관계는 끝을 향해 달린다. 관계를 지키고 싶다면 서로의 자존심을 보호해야 한다.
75. 타인을 찌르는 칼은 결국 자신에게 되돌아온다.
76. 인간을 불행으로 몰아넣는 진짜 원인은 지루함과 고독이다.
77. 삶은 이미 충분히 고통스러운데 왜 자신마저도 속이며 살아가려 하는가?

1장_
삶의 진실, 고통을 응시하라.

1
"기대하지 마라
어차피 삶은 실망과 기만이다."

아이와 어른 중 누가 더 행복할 것 같은가? 단언컨대 아이일 것이다. 갓 태어난 인간은 무지 속에서 가장 행복하다. 아직 아무런 욕망도 그로부터 비롯되는 고통도 모르기 때문이다. 그러나 인간은 자라면서 점차 욕망을 깨우치게 된다. 욕망을 품는다는 것은 곧 필연적인 실망을 마주하게 된다는 뜻이다.

욕망은 기본적으로 내가 현재 갖지 못한 것을 얻고자 하는 마음이다. 사람은 무언가를 원할 때 그것을 가졌을 때의 행복감을 상상하며 기대를 키운다. 그러나 기대는 현실과 다르다. 인간은 자신이 원하는 것을 늘 얻을 수 있는 존재가 아니다. 실제로 원하는 것을 얻었다 하더라도 기대했던 만족감은 아주 짧은 시간 지속될 뿐이다. 곧 희미해지고 다시 또 욕망이 자리 잡게 된다. 인생이란 완벽히 충족될 수 없는 것이기 때문이다. 욕망은 얻으면 얻을수록 더 부피가 커지는 괴물이다. 하나의 욕망을 달성하고 난 뒤, 다음 욕망은 더 크고 복잡한 형태로 진화한다. 결국 끝없이 반복되는 욕망의 사슬에 묶여 끝없는 불만족을 느낄 수밖에 없다.

더욱 비극적인 것은 욕망이 커지면 커질수록 충족되기가 더 어려워진다는 사실이다. 장난감 하나만으로도 만족하던 아이는 어른이 되어가면서 더 크고 값비싼 소유물을 갈망하게 된다. 거대해진 욕망의 크기만큼 얻을 확률은 줄어든다. 결국 인간은 점점 더 큰 좌절과 무력감을 느끼며 그 과정에서 삶의 본질적 허무함과 직면하게 된다.

탐하는 것이 있으면 인간은 비교를 시작한다. 자신이 가지지 못한 것을 타인이 가지고 있을 때 자신의 부족함을 느끼고 괴로워한다. 허나 이 괴로움은 표출되지 않는다. 나는 네가 부럽다는 말을 하지 못한 채 안으로 썩어간다. 잘못된 욕망이 한 사람의 마음을 썩게 만든다.

만약 당신이 간절히 원하는 것이 있다면 어떻게 하겠는가?

분명 모든 노력을 할 것이다. 그것이 단순히 그저 원하는 수

1장 삶의 진실, 고통을 응시하라.

준의 그치는 것이 아니라 꼭 가져야 한다는 욕망의 영역이라면 할 수 있는 모든 노력을 할 것이다. 그 과정이 쉬울 것 같은가? 전혀 그렇지 않다. 생각할 수 없을 정도로 깊은 희생과 고통을 요구한다. 때로는 그 과정에서 겪는 고통이 얻고자 했던 것의 가치를 넘어설 때도 있다. 노력의 결과로 얻은 짧은 행복을 위해 지속적인 고통과 희생을 감수해야 하는 모순 속에 갇히게 되는 것이다.

무언가를 가졌을 때의 기쁨이 영원했던 적이 있는가?

결국 모든 추구의 끝에는 텅 빈 공허만이 남는다. 욕망을 좇아 달성한 모든 성취는 결국 그림자처럼 사라지고 남는 것은 공허함과 허탈감이다. 원하는 것을 얻겠다는 욕망이 충족되지 못했을 땐 실망만이 남는다. 욕망은 채워져도 문제고 채워지지 않아도 문제인 것이다. 결국 삶이 평온해지고 싶다면 기대를 하지 않아야 한다. 행복이란 기대 없이 현재를 수용하는 것이다.

강한 욕망을 가지면 기대를 하게 되고 기대를 하면 반드시 실망하게 된다. 기대라는 독을 삼키는 순간 당신의 삶은 실망으로 병들게 된다.

2

"오늘은 나쁘며, 내일은 더 나쁠 것이다.
그렇게 최악에 이를 때까지 계속된다."

내일은 오늘보다 괜찮을 것이라는 말은 흔히 사람들이 입버릇처럼 뱉는 말이다.

내일이 오늘보다 나을 것이라는 믿음은 삶이 준비한 가장 잔혹한 거짓말이다. 사람들은 내일이라는 단어에서 희망을 찾는다. 오늘 느끼는 고통과 괴로움, 불만족을 내일이라는 가능성으로 견디려 한다. 그러나 실제 삶은 기대와는 정반대의 방향으로 움직인다. 오늘의 문제는 시간이 지날수록 더 깊어지고 복잡해진다. 현실은 우리의 기대를 배신한다.

삶의 문제란 썩은 물 같은 것이다. 한번 썩은 물은 내일이 된다고 해서 맑아지지 않는다. 하루만큼의 악취만 늘어날 뿐이다. 비단 오늘의 문제뿐이겠는가. 시간이 흐를수록 젊음은 사라지고 늙음과 쇠약함이 찾아온다. 건강했던 몸은 질병과 고통에 굴복하고 꿈과 희망은 좌절로 치닫는다. 삶이 흐르는 동안 인간은 수많은 상실과 슬픔, 좌절을 겪으며 처음부터 우리에게 보장됐을 거라 생각한 행복과는 완전히 다른 방향으로 흘러간다. 기대란 늘 현실과 동떨어져 있다. 인간이 머릿속으로 그려낸 미래는 결코 현실로 나타나지 않는다. 오히려 현실은 기대했던 것보다 훨씬 더 나쁜 결과를 가져다주는 경우가 많다. 기대의 덫에 걸려 늘 같은 곳에서 절망한다.

그런데도 인간은 왜 매번 같은 실수를 반복할까? 그것은 바로 희망이란 것이 인간의 본성에 깊이 뿌리박혀 있기 때문이다. 인간은 현재의 어려움과 고통을 견디기 위해 끊임없이 희망이라는 환상에 매달린다. 내일은 더 좋을 것이라는 착각 속에서 살다가 내일이 찾아오면 다시 새로운 환상에 빠져든다. 오늘은 나쁘며 내일은 더 나쁠 것이라고 생각하는 건 비관론자가 되라는 뜻이 아니다. 삶이 본질적으로 악화될 수밖에 없다는 사실을 냉철하게 인정하고 받아들이는 것이다. 냉정하게 받아들여야만 최악의 상황을 예상할 수 있기 때문이다. 더는 허망한 기대에 매달리지 않고 현실적인 대처와 인내의 힘을 키워갈 수 있다.

  삶은 언제나 뜻밖의 위험과 난관을 준비한다. 경계를 늦추고 희망에만 기대 살게 되면 예상치 못한 위기에 직면할 수밖에 없다. 희망이 삶의 전부가 되어서는 안 된다. 희망은 삶의 일부일 뿐이다. 그 이면에는 냉정한 현실 판단과 준비가 있어야 한다. 삶은 예상할 수 없는 불확실성의 연속이다. 미리 예상하고 준비하지 않으면 그 충격에 쓰러질 수밖에 없다. 미래에 대한 맹목적인 낙관은 삶을 지탱하는데 도움이 되지 않는다. 희망은 달콤하고 현실은 냉철해 보인다. 하지만 언제나 달콤한 것이 문제가 된다. 내일을 방어적으로 바라보고 대비할 때 삶의 함정과 불행을 피할 수 있다. 내일은 언제나 더 어려운 문제를 가져올 수 있다. 내일이 오늘보다 더 나을 것이라는 근거 없는 낙관에서 벗어나 언제 닥쳐올지 모르는 불행을 차분히 준비하라. 최악을 예상하고 수용하는 자만이 최악을 넘어설 힘을 얻는다.

1장 삶의 진실, 고통을 응시하라.

3
"고통 없는 삶은 오히려 더 큰 불행이다."

　거친 망망대해를 항해하는 선박의 밑에는 아주 무거운 돌이나 쇠가 들어있다. 선박이 항해할 때 무게 중심을 잡아 안정적으로 항로를 유지할 수 있도록 도와주는 것이다. 사람들의 눈에 무게추가 보이지는 않지만 모든 선박에는 반드시 무게추가 있다. 무게추가 없다면 선박은 잠시도 거친 파도를 견디지 못한다. 파도나 강풍 같은 외부 충격에 쉽게 배가 흔들리고 방향을 잃어 표류할 가능성이 높아진다.
　인간도 마찬가지다. 인간의 삶은 망망대해를 항해하는 것보다 더 거칠다. 그런 인간의 삶에 무게추 없이 가볍기만 하다면 흔들리고 표류할 것이다. 인간의 삶에서 무게추는 근심과 고통이다. 어느 정도의 근심과 고통은 인간에게 반드시 필요하다. 사람들은 흔히 근심과 고통을 피하려 한다. 대부분은 문제없는 삶이 가장 행복한 삶이라고 믿는다. 이만큼 잘못된 생각이 없다. 문제와 고통이 전혀 없는 삶이란 존재하지도 않을뿐더러 설령 가능하더라도 결코 좋은 결과를 가져오지 못한다. 삶이 너무나 평탄하면 인간은 권태에 빠진다. 권태는 곧 내면의 무력감과 공허함을 가져온다. 아무것도 하지 않고 가만히 누워만 있으면 좀이 쑤시는 게 인간이다. 삶이 평온하면 인간은 성장을 멈춘다. 아무런 문제도 없이 쉽게 얻은 성취는 만족감을 선사하지 않는다. 반면 힘겹게 싸우고 노력하여 얻어낸 결과는 훨씬 큰 가치를 안겨준다. 인간은 삶의 역경을 통해서만 진정한 의미와 가치를 발견할 수 있다.

고통이 삶을 덮치면 누구나 긴장한다. 평소에 괜찮다고 여기던 것들에도 주의를 기울인다. 이는 우리가 현실을 더욱 명확히 바라보고 삶의 방향을 똑바로 유지하게 한다. 문제를 겪지 않은 사람은 작은 어려움에도 쉽게 흔들린다. 문제를 해결해 본 적이 없기 때문에 삶의 시련 앞에서 자주 패배할 것이다. 하지만 일정한 어려움을 견디며 살아온 사람은 더 큰 문제 앞에서도 당황하지 않는다. 오히려 침착하게 문제를 해결한다. 내면의 강인함이 키워지는 것은 문제와 고통을 통해서다. 마치 대장장이가 불꽃 아래서 수차례 달구고 망치질을 해야 날카로운 칼이 만들어지듯 인간의 정신 또한 삶의 어려움을 통해 단련 된다.

결국 삶의 문제와 고통은 나를 더 나은 존재로 성장시키기 위한 필연적인 과정이다. 인생의 길 위에서 만나는 수많은 난관을 피하지 말고 마치 폭풍 속에서 담대히 방향타를 쥐고 선배의 선장처럼 당당하게 맞서야 한다. 문제와 고통이라는 무게추를 현명히 다룰 줄 아는 사람만이 인생이라는 거친 바다에서 올바른 방향으로 항해할 수 있다. 당신에게 지독한 시련이 찾아왔다면 축하하라. 이제 당신은 더 강해질 준비가 된 것이다. 다른 삶을 시작할 순간이다.

4
"인간은 현재를 희생해 미래의 행복을 사려 하지만 결국 아무것도 얻지 못한다."

스스로에게 한번 물어볼 때다. 지금 올바른 곳을 바라보고 있는가? 인간의 마음은 늘 변하고 인간의 눈은 늘 다른 곳을 바라본다. 당장 앞에 펼쳐진 현실보다는 언제나 멀리 떨어진 이상적인 장소나 시간을 동경하며 산다. 마치 지평선 너머에 있을 법한 신기루를 좇는 여행자처럼 말이다. 가질 수 없는 것을 더 귀하게 느낀다.

사람의 모순은 더 나은 미래를 기다리며 현재의 시간을 소모한다는 것이다. 그리고는 다시 과거가 되어버린 지금의 현재를 그리워한다. 가령 젊었을 때는 어른이 되기를 바라며 하루하루를 보내고 어른이 되어서는 다시 어린 시절의 순수함과 자유를 그리워한다. 지금의 삶이 아닌 다른 무언가를 바라는 상태로 살아가기에 영원히 미완의 상태로 남는다.

　인간이 현재를 외면하는 것은 근본적인 불안 때문이다. 인간은 끊임없이 삶의 빈틈을 발견하며 불안을 키운다. 사소한 안정마저도 오래 유지되면 권태와 불안을 유발한다. 다시금 새로운 자극을 찾아 방황한다. 만족이라는 순간이 인간에게는 견디기 어려운 정적 같은 것이다. 가까운 곳에서는 만족을 찾을 수 없고 멀리 보이는 불확실한 것은 매력적으로 느껴진다. 마치 발밑에 보물이 숨겨져 있는데도 환상적인 보물섬을 찾아 떠나는 어리석은 자와 같다. 인간은 현실의 가치를 알면서도 끊임없이 더 나은 환상을 좇으며 스스로를 지치게 만든다. 중요한 것은 균형이다. 지나치게 미래에 집착하거나 과거에 얽매이면 삶은 끊임없는 후회의 연속이 된다. 과거를 돌아보며 배울 수는 있지만 매몰되지는 말아야 한다. 미래를 계획하되 그것에만 매달리지 말아야 한다. 우리가 그토록 원하던 미래는 바로 오늘이다. 인생의 답은 먼 곳에 있지 않다. 지금 이 순간에 있다. 당신이 놓친 오늘은 결코 돌아오지 않으며 내일이 주는 행복은 늘 불확실하다.

5

"모든 행복의 상태는
 고통의 부재로 이루어진다."

　모든 행복이란 본질적으로 고통의 부재에 지나지 않는다. 인간은 행복을 적극적으로 얻을 수 있는 무언가라고 생각하지만, 사실 행복이란 고통이 잠시 자리를 비운 순간일 뿐이다. 배고픔이 사라질 때 느끼는 만족감이 행복이라고 착각하지만, 이는 그저 배고픔이라는 고통이 잠시 멈춘 것에 불과하다. 추위에 떨다가 따뜻한 곳에 들어서면 느끼는 편안함 역시, 추위라는 고통이 사라졌기 때문이지 행복 자체가 독립적으로 존재하는 것은 아니다.
　인간은 고통이 없으면 행복할 수 있다고 믿는다. 하지만 역설적으로 고통이 없다면 행복 또한 느낄 수 없다. 행복은 고통과 대비될 때만 뚜렷하게 인식된다. 영원히 어둠 속에 갇힌 사람에게 빛의 존재를 설명할 수 없듯이, 고통을 겪지 않은 자는 행복을 진정으로 알 수 없다. 인간의 삶에서 고통과 행복은 언제나 함께 존재하며, 고통 없이는 행복도 존재할 수 없는 것이다.

고통이 없는 삶을 추구하는 것은 잘못된 목표이다. 완벽히 고통이 제거된 삶은 행복의 가능성마저 사라진 삶일 뿐이다.

행복이란 고통의 그림자라는 사실을 인정할 때, 인간은 비로소 삶의 진리를 깨닫고 삶 자체를 더욱 깊이 이해하게 된다. 모든 행복은 고통의 부재다.

6

"삶이라는 것은 애초에 선택권 없이 주어진
 해결 불가능한 숙제다."

 우리는 태어날 때부터 스스로 선택하지 않은 숙제 속에 던져진다. 학교에 가면 공부를 잘해야 하고 어른이 되어서는 경제적 독립과 사회적 책임을 다해야 한다. 자신이 선택하지 않은 채 주어진 의무를 끊임없이 수행해야 하는 것은 피할 수 없는 현실이다. 이뿐만이겠는가. 인간은 매 순간 무언가를 해결하며 살아간다. 아침에 눈을 뜨는 순간부터 밤에 잠자리에 들 때까지 끊임없이 해결해야 하는 문제들이 눈앞에 놓인다. 때로는 사소한 일상 속 작은 문제들부터 때로는 삶의 방향을 결정짓는 무거운 선택까지 우리 앞에는 해결해야만 하는 숙제가 한가득

쌓여있다. 심지어 그것들로부터 영원히 도망칠 수 없다.

문제들은 결코 끝나지 않는다. 하나를 해결하면 즉시 다른 일이 등장한다. 학업을 마치면 취업이 기다리고 취업을 하면 가정을 이루고 사회적 위치를 유지해야 한다. 노년에는 건강을 지키고 고독과 싸워야 한다는 과제가 남아있다. 인간을 지치게 만드는 것은 삶의 과제 그 자체가 아니라 그것을 대하는 나의 태도다. 완벽히 대응하지 못하면 실패자로 낙인찍힐까 두려워한다. 그렇기에 그 나이에는 해야 하는 것을 꼭 이루기 위해 모든 것을 소모한다. 설령 그렇게 하나를 해결했다고 해서 삶이 안정적인 궤도로 들어서는 것은 아니다. 결국 태도를 바꿔야 한다. 문제를 회피하거나 완벽히 해결하려는 강박에서 벗어나 삶이 우리에게 건네는 수많은 과제를 자연스러운 조건으로 받아들이는 것이다.

인생의 문제는 삶의 필수적인 일부이며 이를 거부하거나 두려워할 이유가 없다. 마치 숨을 쉬고 물을 마시는 것처럼 당연한 과정이다. 숙제는 해결해야 할 고통스러운 짐이 아니라 성숙하게 만드는 기회다. 인생에서 겪는 수많은 문제들이 우리를 괴롭히는 것은 내가 그 문제를 지나치게 중대하게 생각하고 단지 풀어내야 할 대상으로만 보기 때문이다. 숙제를 해결하면서 얻게 되는 지혜는 다른 무엇으로도 대체될 수 없는 자산이다. 한번 인생을 되돌아보라. 삶의 가장 큰 시련 앞에서 가장 큰 지혜를 얻지 않았는가? 심한 갈증을 느끼면 어떻게든 물을 찾는 것이 사람이다. 삶은 결국 우리가 원하는 대로 완벽히 해결될 수 없는 그리고 그렇게 될 필요도 없는 문제들로 가득하다. 그러나 그 과제를 대하는 자세에 따라 부담스러운 짐이 아니라 풍성한 배움을 선사하는 선물이 될 수 있다. 삶이라는 것은 애초에 선택권 없이 주어진 해결 불가능한 숙제다. 그 숙제를 어떻게 바라보느냐는 오직 나의 선택이다.

7

"권태라는 감정은 인생이라는 그릇이 처음부터
 비어 있음을 직시하는 고통이다."

　많은 사람이 삶을 끊임없이 무언가로 채우려 한다. 욕망을 이루고 목표를 달성하며, 원하는 것을 소유하면 인생이 완성될 것이라 믿는다. 그러나 그 모든 것이 이루어진 순간에도 만족은 오래가지 않는다. 그 이유는 간단하면서도 깊다. 삶은 처음부터 결코 채워질 수 없는 빈 그릇으로 설계되었기 때문이다. 이 빈 그릇의 본질이 바로 권태라는 감정이다.

　우리는 흔히 권태를 단지 지루함이나 무료함으로 인식한다. 하지만 권태의 본질은 단순히 할 일이 없어서 오는 감정이 아니다. 권태란 삶의 근본적인 공허함을 직시할 때 느끼는 본질적인 감정이다. 인간은 자신에게 의미를 부여하고 가치를 찾으려는 본능적 욕구를 지녔다. 하지만 삶 자체는 의미나 가치를 제공하지 않는다. 인간이 찾는 모든 가치는 외부에서 강제로 주입한 환상일 뿐, 삶 그 자체로는 무의미하다는 현실을 깨닫는 순간 우리는 권태와 마주한다.

이러한 권태를 깨닫게 되면 사람들은 보통 두 가지 방식으로 반응한다. 첫 번째는 끊임없이 다른 자극을 찾아 권태를 회피하는 것이다. 사람들은 새로운 목표, 새로운 소유물, 새로운 경험을 끊임없이 갈망한다. 새로운 물건을 사고 새로운 곳을 가거나 새로운 사람을 만난다. 이런 끊임없는 변화와 자극을 통해 권태를 잠시 잊을 수는 있지만 본질적인 해결책이 아니라, 일시적인 도피일 뿐이다. 순간적인 마취제 같은 것이다. 권태는 다시 찾아오고, 오히려 더 깊어진 공허함을 남긴다. 채울 수 없는 것을 계속 채우려 했기 때문이다.

두 번째 방식은 권태를 직시하고 삶이 본질적으로 채워질 수 없다는 사실을 명확히 받아들이는 것이다. 이때 사람들은 권태를 더는 두려워하지 않고, 삶의 무의미성을 일종의 해방으로 받아들이게 된다. 인생이 원래 비어 있다는 것을 인지하는 순간, 무엇으로도 채워지지 않을 것임을 깨닫고 오히려 얽매이지 않는 삶을 선택하게 된다. 억지로 의미를 찾으려는 강박에서 벗어나 정면으로 삶의 무의미함을 받아들인다. 이들은 권태를 삶의 자연스러운 상태로 인식하며 그 속에서 초연한 태도를 유지한다.

삶의 공허함과 권태를 인정하고 초연해진 사람은 외부에서 강요하는 가치나 의미에 집착하지 않는다. 더는 사회적 인정이나 외적인 성취에 매달리지 않고, 삶을 있는 그대로 바라보며 내적인 평화와 독립성을 찾는다. 초연한 삶을 살게 된 사람들은 인생을 진지한 숙제가 아니라, 가볍게 다룰 수 있는 하나의 유희로 간주하게 된다. 이들은 삶이 본래 가볍고 무의미한 것임을 이해하며 삶이 주는 크고 작은 기쁨을 진정으로 누릴 줄 알게 된다.

권태라는 삶의 본질적 공허함은 인간이 존재하는 한 결코 사라지지 않을 것이다. 우리는 삶의 공허함을 없앨 수도, 완벽히 채울 수도 없다. 그러나 그 공허함과 권태를 두려워하지 않고 삶의 일부로 자연스럽게 받아들일 때, 비로소 자유로워진다. 삶이 빈 그릇이라는 사실을 알고 그 그릇을 채우려 애쓰지 않는 것이야말로 진정한 삶의 지혜다. 채우려고 하면 할수록 더 공허해지는 것이 인생이다.

8
"이성은 예언자라 불릴 자격이 있다."

　이성은 예언자라는 칭호를 받을 자격이 있다. 이성이 현재 우리의 행동이 초래할 결과를 명확하게 드러내 보여주면서 앞으로 일어날 일들을 미리 알려주기 때문이다. 우리는 종종 분노에 사로잡혀 상대를 모욕하고 싶은 충동을 느끼거나, 순간의 탐욕 때문에 부당한 이익을 탐하고 싶은 유혹에 빠지곤 한다. 그러나 바로 그때 이성은 조용하지만 단호하게 속삭인다. 지금의 행동이 가져올 부끄러움과 후회, 그리고 씻을 수 없는 자책감을 미리 눈앞에 보여준다. 누군가에게 격한 말을 퍼붓기 전에, 거짓말로 눈앞의 위기를 모면하기 전에, 타인의 소유를 부당히 탐하기 전에, 이성은 잠시 멈추고 다시 생각하라며 우리를 붙잡는다. 이성은 이처럼 우리가 본능과 욕망의 불길에 타 버리지 않도록 하는 마지막 방어벽이다. 그러므로 이성의 목소리에 귀를 닫는 자는 늘 후회하며 살아갈 것이고, 귀 기울이는 자는 자신의 삶을 치욕과 고통에서 건져낼 수 있을 것이다.

9
"인간은 항상 지난 날의 선택을 후회하며
 과거를 그리워한다."

과거는 늘 후회스럽고 미래는 늘 불안하지 않은가? 그때 다른 선택을 했더라면 지금의 삶이 달라졌을 거라고 생각할지도 모른다. 인간은 항상 지난 날의 선택을 후회하며 과거를 그리워한다. 그때가 더 행복했고 더 단순했으며 더 의미 있었다고 생각한다. 하지만 냉철하게 그때 그 당시로 돌아가보라. 그때 역시 똑같이 불만족스럽고 늘 무언가 다른 것, 더 나은 미래를 갈망하고 있었다. 단지 시간이 지나고 기억과 거리가 더해지면서 과거가 완벽하게 보이는 착각이 생길 뿐이다. 사람은 자신이 내렸던 선택과 놓친 기회를 항상 후회하면서 불만족 속에 갇힌 채 살아간다.

자주 지난날의 선택을 후회하며 과거를 되찾고 싶어 한다. 그때는 얼마나 행복했었는지 현재의 삶은 얼마나 무의미하고 따분한지에 대해 생각한다. 다시 돌아갈 수 없는 지난날을 회상하며 기쁨의 순간이 얼마나 짧고 빠르게 지나가는지에 대해 불평하지만 정작 현재의 순간은 인지하지 못하고 제대로 누리지 못한 채 흘려보낸다. 이러한 인간의 본성은 끊임없는 후회를 만든다. 현재의 행복을 누리기보다 이미 사라져버린 과거의 순간에 붙잡혀 살아간다. 과거에 매몰되는 것은 영혼이 파괴되는 일이다. 몸은 현재에 있지만 정신은 과거에 가 있기 때문에 현재도 과거도 그 어느것에도 집중하지 못한다. 우리는 언제나 현재와 조금 떨어진 곳에서 살아간다. 다가 오지 않은 미래를 기대하거나 걱정하고 이미 지나간 과거를 후회하는 것이다. 생각이라는 것은 이미 일어난 일과 아직 일어나지 않은 일 사이에서 끊임없이 흔들리고 진정으로 우리의 것이라 할 수 있는 현재의 순간에 머무는 일은 거의 없다. 삶의 진정한 가치를 찾기 위해서는 현재에 머물러야 한다는 단순한 진실을 외면한다.

결국 과거와 미래 사이에서 흔들리는 인간의 삶은 근본적으로 불확실하고 혼란스러울 수밖에 없다. 과거를 붙잡으려 애쓰수록 더욱 깊은 회한과 고통 속으로 몰아넣는다. 과거를 돌리려는 노력을 멈추고 불확실한 미래에 대한 집착에서 벗어나야 한다. 삶은 그 자체로 모순이다. 완벽하지 않은 순간의 연속이다. 과거는 결코 되돌릴 수 없고 미래 역시 예측할 수 없다. 하지만 인간은 바로 이 불확실성 속에서 삶의 진정한 창조자가 될 수 있다. 중요한 것은 지나간 시간을 붙잡는 것이 아니라 끊임없이 움직이는 현재를 활용하는 것이다. 어차피 아무리 시간이 지나면 결국 다 후회하게 될 것이다. 시간은 기억을 미화시키고 과거는 현재보다 더 달콤하게 느껴질 테니까. 과거를 바꿀 수는 없지만 오늘을 바꿀수는 있다. 오늘을 바꾸면 미래를 바꿀 수 있다. 과거를 다시 사는 것은 불가능하지만, 오늘의 삶을 의미 있게 만드는 것은 가능하다.

10
"삶이란 가까이서 보면 추악하며, 아름다움은 항상 멀리 떨어진 곳에서만 존재한다."

인생이란 마치 거칠게 만들어진 모자이크 그림과 같다. 가까이서 보면 불규칙한 조각들과 거친 경계가 선명하게 드러난다. 완성되지 않은 혼돈만 보일 뿐이다. 하지만 멀리서 보면 어떠한가? 우아한 그림 한 점처럼 보일 것이다. 삶이란 멀리 떨어져서야 비로소 형태를 갖추고 아름답게 보인다. 삶을 지나치게 가까운 거리에서 바라보면 작은 문제들도 거대한 위기처럼 보이기 마련이다.

살면서 무수히 많은 문제를 겪고 그 문제가 영원할 것처럼 느껴진 적이 많지 않은가? 타인이 보면 그저 그런 일이라고 할 만한 일이 나에게 일어나면 죽을 만큼 힘들지 않았는가? 한 걸음도 움직이지 못할 것처럼 느껴지는 문제들은 사실 조금만 떨어져서 보면 충분히 넘어갈 수 있는 장애물일 뿐이다. 우리가 삶의 문제를 마주했을 때 느끼는 과장된 고통은 너무 밀착하여 삶을 바라보기 때문이다. 지금 겪는 고통이 영원히 지속될 거 같은 착각을 일으키는 것은 내가 내 삶하고 너무 가깝기 때문이다. 밀착해 있기에 작은 흠집이나 상처가 전체를 압도하는 것처럼 느껴진다. 마치 눈앞의 나무 하나가 숲 전체를 가리는 것과 같은 이치다.

타인의 삶이 더 아름다워 보이고 타인의 고통은 괜찮은 일처럼 느껴지는 것은 타인과 나는 항상 멀리 떨어져 있기 때문이다. 타인에게 일어난 일이 나에게 일어나면 몹시 괴로운 일이 되고 내가 지금 누리고 있는 것을 타인이 본다면 내 삶 역시 부러움의 대상일 수 있다.

인생의 모든 장면은 멀리 떨어져 있을 때에야 비로소 아름다움이 드러난다는 사실을 인정하는 순간 삶의 문제들은 더 이상 극복 불가능한 장애물이 아니라 인생이라는 여정의 한 부분이 된다. 작은 어려움이나 순간의 실패도 인생이라는 전체적인 그림 속에서는 오히려 자연스러운 일부로 자리 잡는다.

1장 삶의 진실, 고통을 응시하라.

삶이 혼란스럽고 때로는 감당하기 어렵게 느껴지는 이유는 문제 그 자체의 크기 보다는 삶과의 거리가 너무 가까워서다. 자신의 삶과 자신 사이의 거리가 지나치게 가깝기에 우리 자신을 객관적으로 볼 수 없게 된다. 문제에 집착하게 되고 집착이 시야를 더 좁히며 지금 겪고 있는 고통이 삶 전체를 지배하는 것처럼 느껴지게 만든다.

삶은 너무 밀착하여 보면 고통이 되고 너무 멀리 떨어지면 의미를 잃는다. 중요한 것은 적당한 거리다. 한발 물러서서 바라보면 지금 나에게 일어나는 일은 그다지 큰일이 아니다. 당신이 지금 겪고 있는 고통은 삶의 끝이 아니라 삶이라는 그림의 한 조각이다. 나에게 일어난 일이기 때문에 유독 더 때문에 힘든 것 뿐이다. 현재의 고통은 영원하지 않다. 단지 지금 너무 가깝게 보고 있을 뿐이다. 당신이 겪는 고통이 크다고 느껴질 때, 기억하라. 모든 것은 결국 시간이 흐르면 작아진다.

11

"인간은 자신이 가진 것은 거의 생각하지 않고
항상 부족한 것만 생각한다."

만약 당신이 몸 누일 곳 하나 없는 상태라고 가정해보겠다. 밖은 비바람이 몰아치고 때로는 숨 막히는 더위와 뼈를 아리는 추위가 엄습한다. 아마도 당신은 간절히 몸을 피할 수 있는 곳을 원할 것이다. 비바람만 막을 수 있다면 무엇이든 괜찮다고 생각할 것이다. 몸을 누일 수 있는 아주 작은 공간이 생긴다면 당신은 몹시 기뻐할 것이다. 하지만 그것도 잠시다. 이내 약간의 활동을 할 수 있을 정도로 더 넓은 공간을 원하게 될 것이다. 그 다음엔 그 공간 안에 필요한 물건이 하나둘씩 생기기를 원할 것이다. 조금 더 넓은 공간이 생기고 집안에 하나둘씩 가구가 생겨도 당신의 결핍은 멈추지 않을 것이다. 더 크고 더 좋은 물건을 계속해서 갈망할 것이다. 이미 가진 행복은 눈에 보이지 않으며 오직 부족한 것만이 시선을 사로잡기 때문이다.

우리의 삶은 그림자를 쫓는 것처럼 끊임없이 가지고 있지 않은 무언가를 갈망하는데 쓰인다. 행복은 내 손이 닿지 않는 곳에 있다고 믿는다. 이런 본성은 인간의 영원한 비극이자 피할 수 없는 욕망의 본질이다. 인간을 지속적인 불행과 불만족 속에 묶어둔다.

자신이 원하는 것을 얻으면 완벽한 행복에 도달할 수 있다고 믿지만 막상 그것을 손에 넣는 순간 매력이 사라진다. 그 즉시 새로운 목표와 다른 행복을 찾으며 다시 끝없는 결핍의 굴레에 빠진다. 마치 끝없이 수평선에 닿으려 하는 항해자와 같다. 다가갈수록 목표는 멀어지며 결코 닿지 않는 환상일 뿐이다.

가장 큰 비극은 이미 가진 행복을 알아채지 못하고, 끝없이 다른 행복만을 갈망하는 것이다. 무언가 부족한 것이 아니라, 만족하는 법을 잊었을 뿐이다. 만족할 줄 모르는 욕망은 인간을 영원한 결핍감 속에 가두며, 끝없는 불안과 불만족을 낳는다. 이미 풍성한 삶을 살아가고 있음에도, 인간은 자기 내면의 결핍으로 인해 불행을 느낀다. 불행의 주된 원인은 가진 것에 대한 끊임없는 불만족이다. 나를 불행하게 만드는 것은 소유의 결핍이 아니라 이미 가진 것들에 대한 감사와 인식의 결핍이다.

진정한 행복은 새로운 것을 얻는데 있지 않고, 이미 가진 것을 진정으로 바라보고 가치를 알아보는데 있다. 우리의 삶에 이미 존재하는 것들을 충분히 누릴 줄 아는 능력이야말로 진정한 행복의 열쇠이다.

결국 인생에서 가장 큰 결핍은 외부에 있는 것이 아니라 우리 내면에 존재한다. 우리의 욕망을 채우기 위한 외부의 무언가가 아니라, 우리가 이미 손에 쥐고 있는 것들을 보는 눈을 기르는 것이 필요한 것이다.

마침내 깨닫게 될 것이다. 내가 진정으로 원하는 것은 언제나 이미 내 안에 있었다는 것을. 결국 행복은 외부에서 채워지는 것이 아니라, 자신이 가진 삶을 충분히 음미할 때 비로소 실현될 수 있다. 내가 행복에 닿지 못하는 이유는 행복이 멀어서가 아니라, 나의 욕망이 행복을 가리고 있기 때문이다.

1장 삶의 진실, 고통을 응시하라.

12

"죽음이 닥쳐올 때에야
 인간은 자신이 영원히 살 수 있다는 교만한 환상이
 얼마나 무력한 거짓말이었는지 깨닫는다."

　살아가는 동안 저지르는 가장 큰 실수 중 하나는 모든 게 영원할 거라고 생각하는 것이다. 삶은 본래 유한하고 일시적인 성질을 가진다. 그러나 인간은 삶의 한계를 부정하고 마치 자신이 영원히 존재할 수 있는 것처럼 살아간다. 현재의 순간을 온전히 살지 못하고 미래의 환상이나 과거의 후회 속에 빠져 살면서 자신의 존재가 무한한 것으로 착각하는 것이다. 죽음이라는 필연적인 현상에 다다를 때까지 삶을 낭비한다.
　이러한 착각이 생기는 이유는 자신을 삶의 중심에 두기 때문이다. 온 우주가 자신의 욕망과 목표를 위해 존재한다고 믿기 때문에 발생한다. 나에게 주어진 시간은 무한하고 풍족하기에 중요한 결정을 미루거나 순간의 가치 있는 경험을 소홀히 대한다. 삶이 무한하다는 착각은 수많은 실수를 반복하게 만든다. 삶이 영원히 이어질 거라는 착각 속에서 주변 사람들과의 관계, 소소한 기쁨, 단순한 순간의 가치들을 놓치고 만다. 자신이 이루지 못한 목표나 채우지 못한 욕망을 미래로 계속 미루다가 죽음의 순간에 다다라서야 자신이 가진 모든 시간이 얼마나 소중했는지 뒤늦게 깨닫게 된다.

죽음이 인간에게 두려움으로 다가오는 이유는 죽음 자체 때문이 아니다. 죽음 앞에서 삶을 비로소 명확히 보게 되는 순간 자신이 살아온 방식과 삶에 대한 오해를 깨닫기 때문이다. 죽음이 두려운 이유는 진정으로 삶을 나의 의지대로 살지 못한 것에 대한 후회와 슬픔 때문이다. 죽음의 두려움은 존재의 소멸이 아니라 살아 있을 때 삶의 진정한 가치를 알아보지 못하고 인생을 허비하는 것에서 기인한다.

역사를 되돌아봐도 죽음의 문턱에서 삶을 되돌아보며 후회를 하는 사람들이 넘쳐난다. 하지만 누군가의 간절한 외침을 들어도 잠깐만 마음이 움직일 뿐 삶이 영원할 거라는 생각은 쉽게 바뀌지 않는다. 유한하다는 것은 끝이 있다는 것이다. 만약 지금 당신의 책상 위에 작은 시계가 하나 있고 그 시계에는 당신이 죽는 시간이 표시되어 있다면 어떻게 할 것인가? 일분 일초가 줄어드는 것이 생명이 줄어드는 것처럼 느껴질 것이다. 마침내 모든 숫자가 0을 가르킬 때 자신의 삶에 완벽히 만족하는 사람은 없을 것이다. 분명 자신의 인생을 되돌아보며 저마다 어떤 후회를 할 것이다. 죽음 앞에서 가장 잔인한 감정은 후회다.

인간이 죽음 앞에서 진정한 삶을 바라보게 되는 순간은 언제나 너무 늦다. 이것이 인간이 지닌 궁극적인 비극이다. 진짜 삶을 이해하는 순간이 죽음의 문턱이라는 것은 인간이 맞이할 수밖에 없는 가장 큰 슬픔이다. 진정으로 두려워해야 하는 것은 죽음이 아니다. 삶을 잘못 이해하고 살아가다 뒤늦게야 진실을 마주하는 그 순간이다. 완벽히 후회하지 않는 삶은 없을지 모르지만 덜 후회하는 삶은 존재할 수 있다. 덜 후회하는 삶을 사는 방법은 단 한가지 밖에 없다. 삶의 유한함을 깨닫고 오늘이 삶의 마지막 날인 것처럼 사는 것이다. 미루지 마라. 그게 무엇이 됐든 미루지 마라. 인생은 생각보다 짧고 죽을 때가 돼서야 하는 후회는 생각보다 아프다.

13
"사회는 지루하기 짝이 없다."

모든 유럽의 언어에서 사람을 지칭하는 단어로 흔히 쓰이는 페르소나에는 무의식적인 적합성이 깃들어 있다. 본래 페르소나의 엄밀한 의미는 고대 극장에서 배우들이 얼굴에 쓰던 가면을 뜻한다. 다시 말하자면 인간 존재의 기만적 본성이 단어 자체에 여실히 드러난다는 것이다. 인간은 본질적으로 누구도 진정한 자신을 그대로 드러내지 않는다. 자신만의 가면을 쓰고 미리 정해진 배역을 충실히 연기할 뿐이다. 사회라는 거대한 무대 위에서 모든 인간은 스스로 정한 대본에 따라 꾸며진 표정과 태도를 유지한다. 자신이 연기하는 그 역할이 진정한 자신이라고 굳게 믿는다.

1장 삶의 진실, 고통을 응시하라.

사회적 질서란 끝없이 반복되는 희극에 불과하다. 이 희극의 공허한 본질을 알아차린 사람에게는 사회생활이 이루 말할 수 없이 따분하고 견디기 힘든 고역으로 다가온다. 모든 사람이 다 자신만의 가면을 쓰고 연기를 하고 있는데 어떻게 즐거울 수 있겠는가. 지루하기 짝이 없다. 그러나 어리석은 사람들은 자신들이 연기하는 배역과 실제 자신을 동일시함으로써 그 무대 위에서 더없이 편안하게 살아간다. 그들에게 이 허위의 연극이야말로 가장 적합하고 안전한 서식지인 것이다. 결국 사회의 무대 위에서 우리는 진실된 얼굴이 아니라 자신이 선택한 가면으로 살아갈 수밖에 없는 존재다. 하지만 이 무대에서 벗어나 자신만의 얼굴을 찾으려는 순간, 사람들은 그를 위험하고 불편한 존재로 여기고 외면할 것이다. 결국 대부분의 사람들은 진정한 자신을 포기한 채 허위로 만들어낸 가면 뒤에 숨어 평생을 살아가기로 결심한다. 그들이 선택한 것은 편안한 속임수이며 삶이라는 연극의 영원한 배우가 되는 길이다. 그러나 기억하라. 가면을 벗을 때는 용기가 필요하고 부적절하게 나를 바라보는 눈길을 견뎌야 하지만 그 고통 뒤에는 이루 말할 수 없는 자유가 따른다. 가면을 벗는다는 것은 배우로서의 삶이 아니라 거짓이 없는 나의 얼굴로 당당히 세상을 마주하겠다는 가장 용기 있는 선언이다.

14

"인간은 존재하는 것 자체가 애초부터 잘못된 설계다."

　인간이 존재한다는 사실 자체가 근본적으로 잘못된 설계라는 생각은 낯설 수 있다. 그러나 우리가 삶에서 겪는 모든 어려움과 고통을 찬찬히 들여다보면 그 근본에는 인간이라는 존재의 필연적인 모순이 자리하고 있음을 알게 된다.

　인간의 내면은 애초부터 조화롭지 못하게 구성되어 있다. 이성은 세상을 논리적이고 합리적으로 바라보기를 원하지만, 감정은 끊임없이 충동적이고 불규칙적인 방식으로 우리를 몰아세운다. 이성과 감정이 서로를 완벽히 통제하지도, 완전히 공존하지도 못한 채 지속적으로 갈등하는 상황이 우리의 삶을 필연적으로 불안정하고 예측 불가능하게 만든다. 인간은 자신이 어떤 존재인지, 무엇을 원하는지 명확히 알지 못하는 채 내적 혼란 속에서 살아간다. 인간은 "갑작스러운 우연에 의해 생겨난 어리석은 존재"라는 표현처럼, 어떤 명확한 목적이나 방향도 없이 우연히 형성된 모순적 구조에 불과하다.

자유의지도 인간 존재의 모순을 잘 보여주는 요소다. 사람들은 자유롭게 선택할 수 있다는 사실을 인간의 특권으로 간주하지만 오히려 그 자유는 끝없는 혼란을 일으킨다. 하나의 선택이 다른 무한한 가능성을 배제하고 어떤 결정을 하더라도 늘 선택하지 않은 것들에 대한 미련과 후회가 따르기 때문이다. 인간은 "끝없는 갈망의 노예이며, 욕망이 충족되는 순간 권태에 사로잡히는 비극적 존재"이다. 스스로의 결정으로 인해 끊임없이 불안을 느끼고 선택의 결과가 만족스럽지 않을 때마다 자신의 존재 자체를 의심하는 악순환에 빠진다.

인간 존재 자체가 근본적으로 잘못된 설계라는 점은 인간의 사회적 본성에서도 쉽게 나타난다. 타인과의 관계에서 안정을 찾고자 하지만 인간 관계는 끝없는 고통의 원천이 된다. 타인의 인정과 사랑을 얻기 위해 노력하지만 완전한 이해와 애정을 얻는 것은 거의 불가능에 가깝다. 진정으로 타인을 이해하거나 타인이 우리를 이해한다는 것은 환상에 불과하다. 사람들과 관계를 맺기 위해 살아가고 관계를 맺음으로 괴로워하면서 살아가는 것이다. 이처럼 인간이 삶을 살아가는 동안 겪는 모든 어려움은 존재의 본질적인 결함에서 비롯된다고 볼 수 있다. 인간 존재의 모순과 결함은 아무리 노력하더라도 궁극적으로 해결할 수 없는 근본적인 문제로 남아있기 때문이다.

  삶이 근본적으로 결함이 있다는 사실이 절망이나 냉소로 이어질 필요는 없다. 오히려 인간 존재의 불완전성을 인지하면 삶에 대한 불필요한 기대와 강박에서 벗어날 수 있다. 인생은 우리가 애초에 기대한 완전성을 제공하지 않지만 바로 그렇기 때문에 우리는 삶을 자유롭게 경험하며 의미 있는 이야기를 만들어 갈 수 있는 것이다. 완벽하지 않다는 사실이 우리에게 진정한 의미의 창조적 자유와 삶의 다양성을 제공하는 역설적인 기회가 될 수 있다. 인간은 존재 자체가 모순이기에 자유로울 수 있고 삶은 완벽하지 않기에 끊임없이 새로운 이야기를 써내려갈 수 있다.

15

"평범한 인간은 아무 가치가 없다.
오직 개성만이 가치를 부여한다."

인간 존재의 가치는 결코 보편성에서 나오지 않는다. 평범하다는 말이 경멸적인 뉘앙스를 띠는 이유는 바로 여기에 있다. 평범함이란 모든 인간이 공통으로 가진, 특별할 것 없는 종의 특성일 뿐이다. 수백만 명의 사람과 똑같은 외모, 똑같은 생각, 똑같은 욕망을 가진 존재는 결국 무수히 반복되어 생산되는 흔해빠진 물건과 다를 바 없다. 그것은 마치 자연이 아무 의미 없이 무한히 솟아나게 하는 불꽃과 같다. 많으면 많을수록 각각의 불꽃은 개별적인 가치와 존재 의미를 상실할 뿐이다.

결국 개성과 차별성이야말로 인간의 가치를 결정하는 진정한 척도다. 타인과 다른 독특한 성격과 자질을 가진 사람만이 가치 있는 존재로 인정받는다. 특별하다는 말이 언제나 찬사로 쓰이는 이유가 바로 이것이다. 하지만 수많은 사람은 특별한 인간이 되기를 두려워하기에 안전한 평범성 속에서 안주하는 것을 선택한다. 그리하여 그들은 자신의 개성과 차별성을 스스로 지워버리며, 보편적인 존재로 퇴보한다. 이렇게 퇴보한 인간은 본질적으로 가치 없는 존재가 되어 결국 경멸의 대상이 될 수밖에 없다.

누구나 될 수 있는 사람이 되기를 선택하는 순간, 당신은 아무것도 아닌 존재가 되는 것이다.

16

"내가 하기 싫은 일을 남에게 하지 말라는 충고는 잘못 됐다. 내가 싫다고 남도 싫을 거라는 건 착각이다."

흔히 사람들은 "내가 하기 싫은 일을 남에게 하지 말라"는 충고를 진리처럼 받아들인다. 매우 합리적이고 바람직한 원칙처럼 보이지만 깊이 생각해 보면 이 충고가 항상 옳은 결과를 가져오지는 않는다는 점을 알 수 있다.

모든 사람은 상황, 역할에 따라 원하는 것이 달라진다. 옳다고 생각하는 것 역시 달라진다. 부모와 자녀의 관계에서 이 충고를 적용하면 더욱 명확해진다. 자녀가 힘든 일을 피하게 해주고 싶다는 마음에 부모가 모든 일을 다 자신이 관여하거나 해결한다면 어떻게 될까? 자녀는 스스로 성장할 기회를 잃어버린다. 내가 싫으니까 나의 자녀도 싫을 거라는 생각 때문에 때로는 자녀에게 해가 될 수도 있는 것이다.

이 충고의 문제점은 모든 사람과 상황을 동일한 기준으로 판한다는데 있다. 인간만큼 각자 처한 상황이 다른 존재가 없다. 개인의 가치관 역시 다르기에 입장 역시 다르다. 삶의 맥락에 따라 같은 행동도 전혀 다른 의미를 가질 수 있다. 보편적이라고 생각하는 원칙을 무작정 적용하면 예상치 못한 부작용이 발생할 수밖에 없다. 윤리는 완벽하게 고정된 규칙이 아니라 상황에 따라 적절히 조정되고 이해해야 하는 영역이다.

"내가 싫어하는 일을 남에게 하지 말라"는 말은 절대적 진리가 아니라 하나의 참고 기준으로 생각해야 한다. 이 기준을 적용할 때마다 상대의 입장뿐 아니라 처한 환경과 맥락을 충분히 고려할 필요가 있다. 맹목적인 믿음보다는 유연한 사고가 더 나은 사람을 만든다. 진정으로 윤리적인 선택은 유연한 사고속에서 나온다.

1장 삶의 진실, 고통을 응시하라.

17

"인간이 냉담해지는 이유는
스스로 감당할 수 있는 한계치까지
불행을 이미 짊어지고 있기 때문이다."

인간이 차갑고 냉담해지는 것은 누구나 자신이 견딜 수 있는 최대한의 고통을 이미 짊어지고 있거나 적어도 스스로 그렇게 믿기 때문이다. 각자가 감당할 수 있는 불행의 무게가 지나치게 무거워지면, 타인의 아픔을 살피는 일이 더욱 부담스러운 것으로 느껴진다. 오늘날 타인의 고통에 무관심하고 점점 더 손을 내밀지 않는 것은 결국 각자의 삶이 이미 너무나 벅차고 팍팍하기 때문이다. 자신이 가진 불행의 짐이 너무 클 때, 타인의 고통에 공감하는 능력은 희미해진다.

결국 우리가 타인의 고통에 무감각한 것은 인간이 본래부터 오직 자기 자신의 고통에만 민감하도록 설계된 존재이기 때문이다. 누구도 자신의 고통을 넘어서 타인의 고통을 진정으로 이해할 수는 없다. 모든 인간은 철저히 홀로 고립될 수밖에 없는 것이다. 타인의 고통을 외면하는 것이 잔인하거나 악의적인 것이 아니라, 인간 본성의 가장 냉정하고도 피할 수 없는 진실일 뿐이다. 내 삶에 여유가 없으면 동정도 친절도 없다.

18

"신중히 내린 결정도 반드시 후회가 뒤따른다."

    인간은 근본적으로 모순적 존재다. 우리는 종종 한 가지 일을 원하면서도 동시에 원치 않고, 기대하면서도 두려워하며, 기쁨과 슬픔을 동시에 느낀다. 마치 중요한 시험을 앞두고 빨리 그날이 오길 바라면서도 한편으로는 시험 날짜가 영영 오지 않기를 바라며 두려워 떠는 것과 같다. 이처럼 우리 마음속에서는 끊임없이 서로 다른 두 개의 욕망이 공존하며 끝없는 갈등을 일으킨다.

    이 갈등은 우리가 어떤 결정을 내린 후에도 계속된다. 머릿속에는 언제나 결정을 공격하고 의심하는 영구적인 반대파가 자리 잡고 있다. 심사숙고 끝에 내린 결정조차 내면의 반대파는 끊임없이 그것이 옳은지 되묻고 비판한다. 이 목소리는 언제나 정확하거나 공정하지는 않다. 때로는 부당하게 자책과 후회 속으로 몰아넣는다. 그럼에도 이 내적인 논쟁은 우리에게 더 나은 판단과 성찰을 위한 필수적인 고통이자 인간 본성의 피할 수 없는 숙명과도 같다.

이러한 인간의 운명은 결국 하나의 진실을 드러낸다. 인간이란 자기 내면에 공존하는 두 가지 모순적인 욕망과 끊임없이 싸우며 살아갈 수밖에 없는 존재이며 그러므로 완벽한 결정이나 완전한 만족이란 영원히 존재할 수 없다는 것이다.

진정, 세상 어디에 신중하게 행한 일이라고 해서 조금도 후회하지 않을 사람이 있겠는가?

19

"증오는 가슴에서 탄생하고 경멸은 머리에서 비롯된다."

증오는 가슴에서 솟구쳐 나오며, 경멸은 이성의 차가운 판단에서 비롯된다. 이 두 가지 감정은 모두 인간의 통제를 벗어난 영역에서 시작된다. 인간의 가슴이란 이미 정해진 동기들에 의해 움직이므로 이를 자신의 의지대로 바꾸는 것은 불가능하다. 반면 머리는 철저히 객관적인 사실과 냉정한 법칙을 따른다. 이 또한 인간의 자유로운 통제를 벗어나 있다. 결국 각 개인은 자신만의 특정한 가슴과 머리를 결합하여 형성된 존재이며, 그 둘의 관계가 한 인간의 감정과 태도를 결정짓는 것이다.

증오와 경멸은 본질적으로 상극이며 동시에 존재할 수 없는 감정이다. 때때로 우리는 상대방의 뛰어난 자질을 인정하는 고통스러운 존중심 때문에 그를 증오하게 되기도 한다. 만약 어떤 사람이 자신이 마주하는 모든 하찮고 무가치한 인간들을 증오하기로 결심한다면, 그는 머지않아 그 증오 때문에 모든 에너지를 소진하고 아무것도 할 수 없는 무력한 상태에 빠질 것이다. 그러나 경멸은 그 어떤 노력도 필요로 하지 않기에 쉽게 모든 이를 향할 수 있다.

진정한 경멸은 결코 자신을 드러내지 않는다. 그것은 가장 깊숙한 침묵 속에서만 존재하며, 오히려 상대방의 존재를 전적으로 무시하고 아무런 관심조차 기울이지 않는다. 만일 어떤 사람이 자신을 경멸한다고 드러낸다면, 그것은 이미 상대에게 일정한 관심과 존중이 깔려 있다는 의미다. 그는 그대가 자신을 어떻게 평가하는지 알고 싶어 하는 것이다. 이 욕구는 경멸이 아닌 증오에서 비롯된 것이다. 진정한 경멸은 상대방이 아무런 가치가 없다는 완전한 확신 외에는 다른 감정을 포함하지 않는다.

그러나 이러한 진정한 경멸이 반드시 냉혹하고 무자비한 태도를 의미하지는 않는다. 오히려 개인의 평온과 안전을 위해 친절하고 관대한 태도를 유지할 필요가 있다. 무의미한 자극은 상대방을 불필요하게 자극하여 위험을 초래하기 때문이다. 가장 가치 없는 존재라도, 그를 자극하면 치명적인 피해를 끼칠 수 있다는 사실을 잊어서는 안 된다. 결국 진정한 경멸은 가장 차갑고 완전한 침묵 속에서만 유지될 때 안전하다.

이 순수하고 차가운 경멸이 어떤 방식으로든 상대방에게 드러나게 되는 순간, 상대방은 그 경멸을 이해하거나 같은 방식으로 맞설 능력이 없기 때문에 가장 격렬하고 맹렬한 증오로 대응할 것이다. 이것이야말로 인간 본성의 가장 깊고 어두운 역설이다. 경멸을 견딜 수 있는 사람은 없다. 인간은 무가치한 존재로 취급당하는 것보다, 차라리 증오의 대상이 되는 편을 선택할 것이다. 진정한 경멸은 증오보다 더 치명적이며 가장 잔인한 무관심이라는 칼날로 상대를 벤다. 가장 무서운 것은 분노에 찬 비난이 아니라 차갑게 침묵하는 경멸이다.

2장_
행복은 욕망이 만든 신기루다.

20

"오직 지성만이 인간을 종으로부터 구별한다.
위대함은 감정을 초월하는 것이다."

의지란 인간 내면의 가장 깊고 근본적인 욕구다. 즉 모든 행동을 이끌어가는 맹목적이고 본능적인 힘을 말한다. 의지는 이성이나 의식과 달리 뚜렷한 합리성을 가지지 않는다. 생존과 욕망의 충족을 향해 맹렬히 움직이는 원초적인 힘이다. 인간뿐 아니라 모든 동물과 생명체, 심지어 식물과 가장 단순한 존재들마저 공유하는 본성이다. 의지의 관점에서 보면 인간은 모든 존재와 본질적으로 같은 운명 속에서 살아가며 어떤 우월성도 존재할 수 없다. 식물이 해를 원하는 것도 동물이 사냥을 하는 것도 우리가 일을 하는 것도 의지라는 개념으로 묶일 수 있다.

그렇다면 인간이 다른 존재보다 더 높은 위치에 서고 서로 차이를 만들어내는 것은 무엇인가? 지성과 앎이다. 의지가 모든 생명체에 공통된 본성이라면 지성은 인간을 개별적인 존재로 만들어주는 유일한 능력이다. 인간은 자신의 존재를 세상에 드러낼 때 가능한 한 지성만을 발휘하여 타자와 다른 특별한 존재임을 보여줘야 한다.

모든 격렬한 의지의 표출과 원초적인 감정의 폭발은 분노, 질투, 증오 두려움 같은 것들이다. 다시 말하자면 인간을 하등한 존재의 수준으로 떨어뜨리는 건 감정에 지배당했을 때다. 인간이 의지의 통제를 벗어나 욕망과 충동의 노예로 전락하는 것을 의미한다. 심지어 가장 위대한 천재조차 감정과 욕망에 자신을 맡기는 순간 평범하고 하찮은 존재가 되어 버리고 만다.

예컨대 누군가 나를 향해 불쾌한 말을 하거나 모욕을 던지더라도 그 사람에게 증오를 품지 않는다. 혹은 즉각 감정적으로 대응하지 않는다. 그가 보이는 분노나 공격성은 단지 지성과 이해가 부족한데서 나온 본성이라고 생각하며 오히려 냉정히 관조할 뿐이다. 스페인의 철학자 그라시안이 말한 것처럼 인간임을 드러내는 것만큼 인간에게 수치스러운 일은 없다. 강렬한 감정을 표출하는 순간 인간은 스스로 품위를 버리고 평범함의 수준으로 떨어지는 것이다.

결국 인간 존재의 위대함이란 얼마나 강렬한 욕망을 가지고 있느냐에 달린 것이 아니다. 오히려 그러한 욕망과 충동을 얼마나 잘 통제하며, 의지라는 맹목적인 힘을 지성의 날카로운 칼로 제압할 수 있는가에 따라 결정된다. 진정 위대한 존재는 욕망의 목소리에 귀를 닫고 차가운 이성의 눈으로 세계와 자신을 바라볼 줄 아는 사람이다. 이것이 바로 인간이 모든 존재 위에 설 수 있는 유일한 길이다. 위대함이란 강한 욕망과 감정을 가진 사람이 아니라 그것을 초월하여 스스로를 다스릴 수 있는 사람만이 누릴 수 있는 특권이다.

21

"사람은 웃고 또 웃어도 악당일 수 있다."

　인간은 대부분 눈에 보이는 겉모습과 실제 본성을 동일시하는 잘못을 저지른다. 흔히 다른 사람을 판단할 때 그의 말투나 표정, 외모 같은 외면적인 모습을 기준으로 삼기 때문이다. 많은 사람이 단지 기분 좋은 미소와 다정한 태도만으로 타인의 신뢰를 얻기도 하지만 그러한 상냥한 표정이 그 사람의 진정한 본성을 나타내는 것은 아니다. 오히려 미소 뒤에 때때로 가장 추악한 악의와 음험한 의도가 숨어 있기도 하다.

　인간이 본질적으로 속기 쉬운 이유는 자신의 시야와 이해력의 한계를 곧 세상의 진실과 동일시하기 때문이다. 자신이 보는 것이 세상의 전부라고 믿으며 그 믿음을 통해 타인을 손쉽게 정의 내린다. 마치 지평선에서 하늘과 땅이 실제로 만나는 것처럼 착각하듯이 표면적인 태도와 행동을 진실이라 착각하며 살아간다. 그러한 착각은 피할 수 없는 인간 본성의 한계이자 치명적인 결함이기도 하다.

햄릿이 그의 수첩에 기록했던 경고처럼 사람은 웃고 또 웃어도 악당일 수 있다. 즉, 외면적으로 가장 선량하고 친절한 사람조차 내면에는 가장 비열한 의도를 감추고 있을 수 있다. 이 진실을 인지하지 못하는 사람은 결국 끊임없이 속고 실망할 수밖에 없으며 세상의 악의와 기만 앞에 무력한 상태로 이용당할 것이다.

진실은 명확하다. 인간을 판단하는 일에서 가장 위험한 오류는 겉모습과 본질을 혼동하는 것이다. 미소와 친절이라는 가면 뒤에는 언제나 악의와 기만이 도사리고 있을 수 있다. 세상에서 가장 현명한 사람은 타인의 표정과 행동이 아니라 그 뒤에 숨겨진 진정한 동기를 볼 줄 아는 사람이다. 그것이야말로 인간이 저지를 수 있는 가장 심각한 오류에서 스스로를 보호할 수 있는 유일한 방법이다.

22

"특별한 재능이 있는 사람은 외롭다."

성공과 뛰어난 능력을 갖춘 사람은 아이러니하게도 자신의 성취와 재능 때문에 종종 심한 고립감을 느낀다. 남들보다 높은 위치에 올라설수록, 그들은 주변 사람들과 점점 멀어지고 소통할 수 있는 상대를 찾기 어렵다. 이들이 느끼는 외로움은 특히 오랫동안 알고 지낸 사람들과 함께 있을 때 더욱 극대화된다. 한때 편안하고 익숙했던 사람들이 어느 순간 낯설고 불편하게 느껴지는 것은 그들이 변한 것이 아니라 나의 위치와 시야가 그들과는 다른 방향으로 변화하고 있기 때문이다.

그러나 이런 변화의 순간에 역설적인 일이 벌어진다. 성취한 사람들은 자신과 대등하거나 비슷한 수준의 사람들과 함께 있을 때 긴장감을 느끼고 오히려 쉽게 마음을 열지 못한다. 무의식적인 방어 본능이 작용하기 때문이다. 때로는 아무런 경쟁심도 없고 욕심도 없는 사람, 오히려 조금 어리석거나 단순한 사람들 곁에서 비로소 편안함과 안정을 찾게 된다. 그들이 가진 순진하고 꾸밈없는 태도가 성공한 사람들에게 경쟁과 경계심을 내려놓게 만드는 것이다.

결국 우리가 예전부터 알고 지내던 사람들과의 관계가 점점 불편하고 낯설게 느껴진다면, 이는 내가 다른 단계로 접어들고 있다는 중요한 신호다. 변화하고 있다는 사실을 받아들이고 자신이 속한 세계가 달라지고 있음을 인정해야만 한다. 관계의 불편함은 이제 익숙한 곳을 벗어나 더 넓고 새로운 곳으로 향하는 자연스러운 성장통일 뿐이다. 익숙한 관계가 낯설게 느껴지는 순간, 비로소 진짜 인생이 시작된다.

23

"힘은 위기가 찾아오기 전까지 잠들어 있다."

일상의 평화로움 속에서 우리는 자신을 약하고 무기력한 존재로 단정 짓는다. 큰 변화도 없이 안정적으로 흘러가는 일상에서는 나의 능력과 한계를 시험받을 일이 없기 때문이다. 안락함 속에서 인간은 자신의 진정한 능력을 알 수 있는 기회를 얻지 못한다.

그러나 삶은 결코 영원한 안락만을 허용하지 않는다. 예기치 않은 위기와 극심한 고통이 찾아온다. 그때 인간은 자기 내부에 잠들어 있던 진정한 힘과 마주하게 된다. 갑작스러운 사고나 질병, 사랑하는 사람의 상실과 같은 극한의 상황, 믿었던

2장 행복은 욕망이 만든 신기루다.

사람의 배신, 사기, 기만이 닥쳤을 때 스스로를 다시 돌아보고 자신의 내면 깊숙한 곳에서 일어나는 놀라운 변화에 직면한다. 평범한 일상 속에서라면 결코 깨닫지 못했을 강렬한 힘과 견고한 인내가 자신도 모르게 솟아오르는 것이다.

마치 얼어붙은 차가운 물이 내면에 품고 있는 숨겨진 열기와 같다. 차갑게 얼어붙어 움직임조차 멈춘 듯 보이는 물이라도 그 내부에는 결코 눈으로 보이지 않는 열이 숨어 있다. 이 열기는 물을 녹이기 위한 조건이 갖추어질 때 비로소 모습을 드러낸다. 마찬가지로 인간 또한 내부에 잠재된 힘을 인지하지 못한 채 살아가다가 외부로부터의 강력한 자극이나 위기의 순간이 찾아왔을 때 자신 안에 숨겨진 강력한 힘과 마주하게 되는 것이다.

하지만 인간의 비극은 여기에서 끝나지 않는다. 더욱 비극적인 것은 그토록 강력한 잠재력을 지니고 있음에도 불구하고 자신이 어떤 존재인지 객관적으로 파악할 수 없다는 사실이다. 매일 거울 앞에 서서 자신을 바라보지만 결코 자신의 진짜 모습을 객관적이고 정확하게 볼 수 없다. 거울에 비친 얼굴은 언제나 주관적 시선과 자기애에 의해 왜곡되어 보이는 것처럼 인간은 진짜 자신의 힘을 제대로 마주할 수 없는 존재다.

'너 자신을 알라'는 고대의 명제는 인간의 이러한 숙명적 한계 때문에 실천이 불가능한 요구일 수밖에 없다. 평생 자기 자신을 가장 잘 아는 사람이라 착각하며 살아가지만 사실 자기 자신에 대해서는 가장 무지하다. 자기 자신을 객관적으로 볼 수 없기에 스스로 가진 진정한 힘과 가능성조차 끝없이 과소평가하며 살아간다.

삶이 당신에게 위기와 고통을 안겨주는 것은 단순히 괴롭히기 위한 잔인한 장난이 아니다. 바로 당신 안에 잠들어 있는 힘과 가능성을 깨우기 위한 필연적인 계기다. 위기와 고통을 외면하지 마라. 두려워하지도 마라. 당신이 마주한 모든 어려움은 숨겨져 있던 강력한 자신을 드러내기 위한 삶의 초대장이다. 당신에게 닥친 가장 큰 위기는 오랫동안 잠들어 있던 진짜 자기 자신을 만나게 될 소중한 순간이다. 힘은 위기가 찾아오기 전까지 잠들어 있다.

24

"삶을 어떻게 바라보느냐에 따라
인간은 위대해지거나 작아진다."

　삶을 바라보는 관점이 달라지는 것은 내 마음이 어떤 상태인지에 따라 달라진다. 외부의 환경이 삶의 관점에 큰 영향을 미친다고 생각하는 사람이 많을 수 있지만 그것보다는 내 정신적인 상태가 훨씬 중요하다. 가령 심리적으로 이완되고 지적인 관조가 가능한 상태에 있을 때는 인생이 매우 짧게 느껴진다. 그만큼 덧없을 수가 없다. 어떤 긴장도 없는 상태에서는 살아가면서 필사적으로 추구하는 성공이나 돈, 명예 같은 목표들이 별것 아닌 것처럼 보인다. 이런 것들에 크게 집착할 이유가 없고 설령 그것을 얻지 못하거나 실패한다 해도 별다른 상실감이 느껴지지 않는다. 모든 삶이 결국 지나가 버릴 무의미한 것이라는 일종의 초월적인 관점에서 비롯된 것이다.

반면 정신이 긴장되고 열정과 욕망이 앞서는 상태에서는 삶이 전혀 다르게 보인다. 이때의 삶은 길고 복잡하며 매우 중요한 무언가로 여겨진다. 이런 상태에 있는 사람들은 삶에서 성공을 얻고자 자신의 모든 힘을 쏟아부으며 무엇이든 이루기 위해 최선을 다해 분투한다. 삶은 끊임없이 극복해야 할 어려움이 가득 찬 여정으로 느껴지고 그 여정에서 얻을 수 있는 보상은 매우 가치 있고 절대 놓칠 수 없는 것으로 보인다.

이 두 가지의 서로 다른 관점은 각각 대표적인 철학적 견해로 연결된다. 삶을 중요하고 진지하게 바라보는 태도는 스페인의 철학자 그라시안이 말한 '삶을 진지하게 받아들이는 것'이라는 개념과 연결된다. 반대로 삶의 모든 것을 사소하게 바라보고 가치 있는 것은 아무것도 없다는 관점은 플라톤이 주장한 '인간의 일 가운데 심각하게 걱정할 만한 것은 아무것도 없다'는 철학적 견해와 일치한다.

이 두 가지 삶의 태도는 결국 나의 내면을 어떤 생각이 지배하고 있느냐에 따라 결정된다. 지성이 우세한 사람은 삶을 객관적이고 냉정한 시선으로 바라보며 삶의 덧없음을 통찰한다. 하지만 욕망이나 의지가 우세한 사람은 삶을 목적 중심적으로 바라보며 성취를 위한 여정에 온 힘을 쏟는다.

결국 내가 살아가는 삶의 방식은 내가 중요하다고 생각하는 것에 맞춰서 움직이는 것이다. 세상을 바라보는 관점은 외부의 환경이 아니라 내 마음에 무엇이 들어있느냐가 결정한다. 내가 삶을 바라보는 방식이 곧 내가 살아갈 운명이다.

25

"책으로 세상을 먼저 배우면 세상을 오해한다.
 이론보다 경험이 앞서야 한다."

어떻게 올바르게 아이를 키워야 하는가에 대한 고민은 영원한 부모의 숙제다. 아이를 키운다는 것이 쉽지 않은 이유는 고려해야 할 요소가 한두 개가 아니기 때문이다. 그중 가장 신경 쓰이는 것이 교육이다. 사람들마다 교육에 대한 열의는 달라도 아이에게 교육이 필요하다는 사실은 변하지 않는다. 어린 시절 우리는 실제 경험을 통해 배우기보다는 주로 타인의 머릿속에서 이미 완성된 관념들을 주입받는다. 이런 방식으로 형성된 지식은 결코 튼튼한 토대 위에 서 있을 수 없다. 책을 통해 먼저 습득한 지식은 본래 불완전한 것이다. 마치 현실이라는 견고한 땅 위에 지은 것이 아니라 공중에 떠 있는 허공의 건축물과 같다.

경험 이전에 습득한 이론이나 관념은 필연적으로 현실과 충돌한다. 아이는 세상을 마주할 때 기성의 편견과 기준으로 세상을 판단하게 된다. 이런 현실은 아이가 세계를 온전히 이해하는 것을 가로막고 올바른 관찰을 불가능하게 만든다. 진정한 지식은 언제나 개인의 직접적인 관찰과 경험을 통해서만 얻을 수 있는데 책에서 미리 습득한 피상적인 관념은 오히려 현실의 본질을 흐릿하게 만든다.

아이들이 책과 이론을 먼저 배우고 현실을 나중에 경험하는 방식의 교육은 그 자체로 부자연스럽다. 마치 뿌리가 아닌 가지에서부터 나무가 자라기를 기대하는 것과 같다. 인간 지성의 자연스러운 발달 과정은 구체적인 경험에서 출발하여 점차 일반적인 관념으로 확장되어야 한다. 이 순서를 무시하고 거꾸로 진행하면 아이의 날카로운 관찰력은 무뎌지게 된다.

무엇보다 중요한 점은 어린 시절의 잘못된 관념은 평생 지속된다는 것이다. 이 시기에 머릿속에 들어온 왜곡된 생각은 철저한 현실의 경험으로도 완전히 제거할 수 없다. 사람은 자신이 이미 믿고 있는 관념을 현실과 맞지 않는다고 하여 쉽게 버리지 않는다. 오히려 경험이 기존 관념과 충돌할 때 현실을 부정하거나 왜곡한다. 이렇게 한 번 자리 잡은 잘못된 생각은 사람의 일생동안 영향을 미친다.

제대로 된 교육이란 결코 책이나 이론에서 먼저 시작해서는 안 된다. 모든 지식은 관찰과 경험에서 출발해야 한다. 아이는 오직 자신이 본 것, 만진 것, 직접 느낀 것만을 믿게 해야 한다. 타인의 말이나 책에서 읽은 내용을 맹목적으로 받아들이도록 방치하는 순간 아이의 정신을 영구히 손상시키는 셈이다.

삶의 진정한 이해는 언제나 책의 바깥에서 이루어진다. 책은 언제나 옳은 것이지만 특히 아이에게 있어서는 경험이 먼저다. 자신의 경험으로 관찰하고 세상을 느끼기 전에 타인의 관념이 먼저 주입되어서는 안된다. 평생 편견이라는 좁은 감옥에서 벗어날 수 없기 때문이다. 아이를 위한 진정한 교육은 오직 자신이 보고 만지고 느낀 것을 믿게 만들어주는 것이다.

2장 행복은 욕망이 만든 신기루다.

26

"모든 사람에게는 외부의 시선이 필요하다.
친구의 조언을 구하라."

연극을 보러 가지 않는 것은 마치 거울 없이 외출 준비를 하는 것과 같다. 연극은 인간의 삶을 객관적인 시각에서 보여주는 거울과 같아서 자신의 행동을 비추어보고 성찰할 기회를 제공하기 때문이다. 자신의 모습을 객관적으로 살피지 않고 세상에 나선다는 것은 자칫 엉성하고 초라한 모습을 남들에게 드러낼 위험이 있다. 그러나 이보다 더 위험한 일은 바로 친구와 상의하지 않고 홀로 중요한 결정을 내리는 것이다. 사람은 다른 이들의 문제에 대해서는 뛰어난 판단력을 발휘하면서도 정작 자기 자신의 일에 대해서는 객관성을 유지하기 어렵다. 우리의 욕망과 충동 즉 의지가 지성을 흔들고 판단력을 흐트러뜨리기 때문이다.

결정적인 순간에 반드시 믿을 만한 친구의 조언을 들어야 한다. 의사조차도 자신이 병에 걸리면 스스로를 치료하지 않고 동료 의사의 도움을 요청한다. 우리 또한 혼자서는 제대로 된 결정을 내리기 어렵다. 자신의 문제에 깊이 빠져있기 때문에 눈앞의 객관적인 진실을 제대로 보지 못한다. 친구의 조언이 중요한 이유는 그들이 우리의 문제를 외부에서 객관적으로 바라봐주기 때문이다. 미처 생각하지 못했던 가능성을 제시하며 감정이나 욕망에 사로잡혀 저지르는 실수를 막아줄 수 있다. 자신의 결정에 확신을 갖기 위해서는 나를 가장 객관적으로 바라볼 수 있는 제3자의 시선을 빌려야 한다.

무엇인가를 시작하면 하루빨리 그것을 끝내고 싶어 하고, 막상 일이 완료되면 비로소 안도감을 느낀다. 하지만 급하게 내린 결정으로는 안도감을 얻기 어렵다. 인생의 가장 중요한 결정 앞에서 스스로를 맹신하지 마라. 친구의 시선과 조언을 통해 자신을 객관화할 때, 비로소 후회 없는 삶에 한 걸음 더 가까워질 수 있다. 모든 사람에게는 외부의 시선이 필요하다.

27

"지성의 우열은 존재하지 않는다.
각자의 자리는 각자의 세상이다."

사람들은 자신만의 방식으로 세상을 보고 이해한다. 얼핏 보면 비슷해 보일지 몰라도 가까이에서 자세히 들여다보면 사람들 사이에는 근본적인 지적 차이가 존재한다. 이러한 차이는 멀리서는 잘 드러나지 않는다. 외모나 직업, 사회적 지위처럼 겉으로 드러난 것만으로도 판단하기 어렵다. 일반적으로 생각하는 교육 수준이나 경제적 환경만으로는 내적인 차이를 정확히 알 수 없다는 뜻이다.

예를 들어, 상인이 자신의 미래와 가족을 생각하며 장기적인 계획을 세우는 것과 학자가 인류의 역사와 존재의 의미를 탐구하는 것은 본질적으로 같은 맥락의 일이다. 겉보기에는 상인의 일이 현실적이고 학자의 일이 더 심오해 보일 수는 있지만 두 사람 모두 자신의 삶을 깊고 성찰적으로 바라보는 의식의 수준에서 살아가고 있기 때문이다. 따라서 이 두 가지 삶의 방식 중 어느 하나가 더 우월하거나 열등하다고 쉽게 판단할 수는 없다.

각자의 삶은 그 사람이 처한 상황과 환경에 따라 다르게 나타날 뿐이다. 중요한 것은 그 상황 속에서 얼마나 깊이 있고 명료한 의식을 유지하며 살아가느냐는 것이다. 즉, 우리가 누구의 삶이 더 지성적이고 우월한가를 단순히 직업이나 환경으로 평가하는 것은 적절하지 않다. 진정한 지성의 수준이란 각자의 삶에서 나타나는 의식의 깊이와 삶을 대하는 태도에서 드러나기 때문이다. 자신의 삶을 주체적으로 고민하면서 살아가고 있다면 아무런 문제가 되지 않는다. 삶의 본질과 의미를 깊이 성찰한다는 것이 살아가는 것이기 때문이다. 상인의 생계 걱정과 학자의 역사에 대한 고찰은 그다지 다르지 않다. 지적 차이는 존재할 수 있어도 지성의 우열은 존재하지 않는다. 단지 직업이나 상황의 차이를 근거로 어떤 사람 더 지적이라고 판단하는 것은 본질적으로 잘못된 것이다. 그 누구의 삶이더라도 절대적으로 더 위대하거나 더 열등하다고 규정할 수 없다.

2장 행복은 욕망이 만든 신기루다.

28

"냄새로 깨어난 기억들은 항상 달콤하고 기분 좋다."

인간은 때때로 특별한 이유도 없이 아주 오랫동안 잊고 있었던 기억이 갑자기 생생하게 떠오르는 경험을 한다. 어떤 풍경, 어떤 사람의 얼굴, 혹은 지나간 어떤 사건의 한 장면이 불쑥 머릿속에 나타난다. 하지만 대부분 이런 기억의 깨어남은 아주 작고 미미한 자극에 의해서 일어난다. 특히 냄새는 기억을 가장 생생하게 일깨우는 강력한 힘을 가진 감각이다.

어릴 때 즐겨 먹던 음식의 냄새, 혹은 비가 온 뒤 젖은 풀과 흙이 섞인 향기는 과거의 기억을 놀랍도록 생생하게 되살린다. 이미 죽은 사람에 대한 기억도 그렇다. 그 사람과 함께 나눴던 어떤 냄새를 맡는 순간 이미 세상에 없는 사람과의 기억이 마치 어제의 일처럼 생생해진다.

시각이나 청각을 통한 기억은 시간이 지나면 희미해진다. 하지만 향기가 동반된 기억은 유독 선명하게 남아 오랜 시간이 지나도 쉽게 사라지지 않는다. 후각은 우리의 뇌와 정서적 기억 사이를 가장 빠르고 직접적으로 연결하는 감각이기 때문이다. 특히 향기가 일깨우는 기억들이 대부분 달콤하고 기분 좋은 까닭은 그 향기가 단순히 장면만 떠올리는 것이 아니기 때문이다. 그 순간 우리가 경험했던 행복한 감정까지 다시금 생생하게 체험하게 해주기 때문이다.

오랜 세월이 지나 잊고 있던 기억들을 향기가 생생하게 돌려주는 순간, 다시 한 번 그 행복과 따스함을 온전히 느끼게 된다. 기억 속 향기는 단지 과거를 떠올리는 매개체가 아니다. 잃어버렸다고 생각했던 행복한 자아를 되찾게 해주는 마법과 같은 존재다.

29

"내면의 충만함은 외부의 자극이 필요 없다.
 혼자 있을 때 웃는 사람이 진정 자유로운 사람이다."

　인간은 본질적으로 내면이 텅 비어 있다. 이 말은 우리가 자신의 내면을 채우지 못하고 있기에 늘 외부에서 어떤 활동을 찾으려 한다는 뜻이다. 그래서 사람들은 쉬지 않고 끊임없이 어딘가로 향하고 누군가를 만나고 무엇이든지 새로운 일을 하려고 애쓴다. 바쁘게 움직이는 것 자체가 내면의 공허를 메우기 위한 무의식적인 노력인 셈이다. 외부에서 들려오는 소리와 타인의 목소리 속에서 자신의 공허한 마음을 잠시나마 잊으려 한다.

　이런 이유로 사람들은 홀로 있는 것을 몹시 견디기 어려워한다. 많은 사람들은 혼자 남겨지는 순간 텅 빈 방에 갇혀버린 듯한 외로움을 느낀다. 결국 홀로 있는 시간을 견디지 못하고 누군가를 찾는다. 불필요한 약속을 잡고 쓸데없는 잡담 속으로 자신을 밀어 넣는다. 자신을 채우지 못하는 사람일수록 바깥으로 끊임없이 나가야만 편안함을 느낀다.

자신의 내면을 충만히 채우는 사람들은 어떨까? 그들은 혼자 있는 시간을 고통스럽게 느끼지 않는다. 오히려 그런 고독을 기다린다. 심지어 즐기기까지 한다. 홀로 있을 때 더욱 평화롭고 자유롭다고 생각한다. 이들에게 혼자 있다는 것은 지루함이 아니다. 공허함도 아니다. 오히려 내면의 사유와 상상력을 키우고 정신세계를 더욱 풍요롭게 만드는 가장 좋은 시간이다.

나는 어떤 사람들이 혼자 있을 때 지루해하거나 불안해하는 모습을 결코 놀랍게 여기지 않는다. 많은 사람들이 심지어 혼자 있을 때는 웃을 수 조차 없다. 그들에게 혼자 웃는다는 건 매우 어색하고 부자연스러운 행위다. 심지어 바보 같은 짓으로 느껴질 것이다. 그런데 이런 생각은 중요한 질문을 던지게 만든다. 과연 웃음이라는 것은 혼자 있을 때는 전혀 의미가 없는 것일까? 웃음은 단지 다른 사람들과 소통하기 위해 만들어진 일종의 신호일까?

2장 행복은 욕망이 만든 신기루다.

그렇지 않다. 혼자 있을 때 웃을 수 없다는 것은 사실 더 깊고 근본적인 이유에서 비롯된다. 그것은 바로 내면이 비어 있고 스스로의 마음에 생겨난 생각조차 충분히 즐길 수 없는 사람들이 겪는 문제다. 즉, 혼자서 웃을 수 없는 사람은 정신적 무감각 상태라는 깊은 문제를 드러내고 있는 것이다. 그리스의 철학자는 이런 정식적 상태를 감각 없음과 마음의 둔함이라고 표현했다. 혼자 있을 때는 내면에 풍부한 이야기를 만들어내지 못하는 것이다. 반드시 외부의 자극과 타인의 존재가 필요한 사람들이다.

흥미롭게도 동물들은 결코 웃지 않는다. 혼자 있을 때도 무리 속에 있을 때도 웃지 않는다. 오직 인간만이 웃을 수 있다. 이 웃음이라는 특별한 능력을 타인의 존재에만 의존한다면 인간이 본래 가진 특별한 능력을 제대로 이해하지 못하는 것이다. 진정한 웃음은 타인이 없기에 더 진실하고 자연스럽게 흘러나올 수 있는 것이어야 한다.

한 사람이 거리를 걷다가 혼자서 웃고 있는 철학자를 보고 물었다.

"왜 웃고 있습니까? 아무도 없지 않습니까?"

그러자 철학자는 이렇게 답했다.

"아무도 없기 때문에 웃고 있는 것입니다."

이 간단한 대답 속에는 매우 깊은 철학적 통찰이 담겨 있다. 혼자 있을 때 웃을 수 있다는 것은 내면이 풍요롭고 충만한 상태라는 뜻이다. 스스로의 존재만으로도 충분히 즐겁다는 것을 의미한다. 타인이 없을 때조차 웃음을 지을 수 있는 사람은 외부의 활동에 매달리지 않고도 스스로를 충족할 수 있는 진정한 자유를 가진 사람이다. 이들이야말로 내면의 진정한 힘과 풍부함을 가진 사람들이다.

진정으로 자신의 내면이 풍요로운 사람은 혼자서도 웃을 수 있다. 그는 아무도 없는 고독 속에서조차 외로움을 느끼지 않고, 스스로 만들어낸 생각만으로도 충분히 행복을 느낀다. 이것이야말로 우리가 지향해야 하는 가장 높은 수준의 정신적 자유이자 삶의 풍요다. 혼자 있을 때도 웃는다는 것은 혼자 있어도 행복한 사람이라는 뜻이다.

30

"몸짓은 말보다 더 정직하다."

흔히 대화와 소통은 오직 언어로 이루어진다고 생각한다. 하지만 인간은 끊임없이 몸짓으로 자신을 표현한다. 손의 움직임, 고개를 끄덕이는 행동, 얼굴 표정 등과 같은 제스처는 그 자체가 이미 하나의 완전한 언어다. 더 흥미로운 점은 사용하는 단어보다 이 제스처가 인간의 본성을 더 솔직하게 드러낸다는 사실이다.

사람이 아무리 자신의 성격이나 내면을 감추려 해도 몸짓은 항상 정직하게 본모습을 드러낸다. 몸짓은 의지와 감정, 즉 내면 깊숙한 곳에서부터 자연스럽게 흘러나오는 무의식의 영역에 가깝기 때문이다. 한 사람이 사용하는 제스처를 세심히 관찰하면 그가 진중하고 성숙한 사람인지 아니면 경박하고 가벼운 사람인지 명확히 알 수 있다. 말은 속일 수 있어도 몸짓은 쉽게 속일 수 없다.

예를 들어 진중하고 차분한 사람은 자신의 생각과 감정을 표현할 때도 제스처가 절제되어 있고 간결하다. 반면, 경박하고 얕은 사람은 늘 과장되고 부산스러우며 통제되지 않은 제스처를 사용한다. 같은 상황에서 똑같은 말을 하더라도, 사람들의 손짓과 몸짓은 완전히 다른 성격을 나타낸다. 이것이 바로 우리가 제스처를 관찰할 때 진정으로 그 사람의 진면목을 볼 수 있는 이유다.

창밖으로 두 사람의 대화를 보면서 소리가 들리지 않아도, 몸짓만 보고 대화의 성격과 상대의 품격을 쉽게 파악할 수 있다. 어떤 사람은 차분하고 절제된 몸짓으로 논리적이고 신중한 태도를 보이는 반면, 어떤 사람은 요란하고 과장된 제스처로 자기 내면의 불안정함과 경박함을 여지없이 드러낸다. 말이 없는 상태에서도 몸짓은 거짓말을 하지 않으며, 그 사람이 누구인지를 명확히 증언한다.

제스처라는 것은 민족이나 국적을 넘어서는 가장 보편적이고 원초적인 언어다. 특별히 배우거나 연습하지 않아도 모든 사람은 무의식적으로 자신만의 몸짓을 사용한다. 결국 제스처는 인간의 본성, 즉 내면의 도덕성과 품격을 그대로 표현하는 가장 진실된 소통 수단이다. 말로써 자신을 높이 평가할 수 있지만 몸짓으로는 절대 거짓말을 할 수 없다. 진정한 품격을 보기 위해서 가장 먼저 봐야 할 것은 말이 아니라 바로 그 사람의 행동이다. 몸짓은 인간의 내면을 비추는 가장 정확한 거울이다.

31
"자신의 결점을 인정하는 것이 위대함의 징표다."

사람을 정확하게 보는 방법은 그 사람이 자신의 약점을 어떻게 다루는지를 보는 것이다. 어떤 사람은 실수하거나 약점을 드러내도 크게 신경 쓰지 않고 오히려 당당하게 그것을 보여준다. 그들은 자신의 부족한 점이나 결점이 자신이 가진 장점과 서로 긴밀하게 연결되어 있다고 생각하기 때문이다. 부족한 점이 있는 그대로 드러나도 이미 충분한 대가를 치르고 얻은 자연스러운 흔적처럼 여긴다. 오히려 그것을 통해 자신을 더 진솔하게 보여줄 수 있다고 생각한다. 어떤 사람들은 자신을 완벽하고 흠잡을데 없는 사람으로 보이고 싶어 한다. 그래서 그들은 아주 작은 사소한 약점이나 실수조차도 철저하게 감춘다. 약점이 드러날까 봐 극도로 긴장하고 예민하게 반응한다. 어떤 사람들은 단 한 번의 실수나 결점만으로도 자신의 평판이 완전히 무너질 수 있다고 믿기 때문이다.

또한 흔히 말하는 '겸손'이라는 태도도 모든 사람에게 똑같은 의미를 가지지 않는다. 어떤 사람에게 겸손은 그저 솔직하고 정직한 태도일 뿐이다. 하지만 자신을 충분히 잘 알고 자기 능력에 대해 확신이 있는 사람들에게 지나친 겸손은 오히려 위선일 수 있다. 자신이 가진 능력을 있는 그대로 인정하고 솔직하게 자신감을 표현하는 것이 더 진실한 태도일 수 있다.

중요한 것은 결점이나 실수를 얼마나 가지고 있느냐가 아니다. 그것을 어떻게 바라보고 다루느냐 하는 태도다. 완벽한 사람이 되려고 스스로를 억압하는 것보다 자신을 있는 그대로 인정하고 당당히 드러내는 것이 더 건강한 자기태도다. 부족한 점을 숨기기 위해 안절부절 못하는 삶보다는 결점을 통해 오히려 더 매력적인 사람이 되는 삶이 더 가치 있다. 이러한 사실을 보면 겸손이든 결점이든 결국 인간은 진솔한 사람을 좋아한다는 건 변하지 않는다.

32

"지적인 사람에게 소음은 고문 그 자체다."

소음에 민감한 사람들에게 일상적인 작은 소리는 견디기 힘든 고통으로 다가온다. 조용히 책을 읽거나 사색에 잠겨 있는 중에 갑자기 들리는 이웃의 발자국 소리, 문 닫는 소리, 멀리서 들려오는 대화 소리조차 그들의 정신을 날카롭게 흔들어 놓는다. 이들은 단순히 예민한 것이 아니라 사색과 깊은 사고의 과정이 그만큼 섬세한 사람들이다.

인간의 정신은 오직 고요 속에서 깊어진다. 사색의 힘은 소음이라는 끊임없는 방해 앞에서 무기력해지며 집중력이 파괴되는 순간 정신적 성숙과 지적 발전은 멈춘다. 깊은 생각을 하려면 한 점의 소음도 없는 완전한 고요가 필요하다. 그러나 현실에서는 끊임없이 크고 작은 소음에 둘러싸여 살아간다.

철학자와 예술가를 포함한 지성적인 사람들은 소음을 견딜 수 없는 존재들이다. 그들이 가진 집중력과 사색 능력이 지극히 섬세하기 때문이다. 위대한 지성일수록 작은 소음에도 집중력을 쉽게 잃고 깊은 사유로부터 멀어진다. 일상 속 무분별한 소음은 정신을 산란하게 하고 집중의 맥을 끊어놓는다. 생각의 깊이와 소음에 대한 민감성은 비례한다. 뛰어난 정신은 소음 속에서 질식하며 천박한 정신은 소음을 느끼지조차 않는다. 그렇기에 소음을 견디는 능력은 결코 칭찬받을 일이 아니다. 오히려 소음 앞에서도 아무렇지 않게 생각을 이어가는 사람이라면 그가 깊이 생각하지 않는다는 증거다. 깊은 사고력과 소음에 대한 민감성은 항상 함께 움직이는 법이다.

정신의 집중을 방해하는 소음은 인간의 정신을 타락 시키는 주요 원인이다. 창조적 발상, 철학적 사색, 예술적 영감은 모두 고요한 상태에서만 가능하다. 고요는 단지 개인의 사색을 위한 환경이 아니라 사회 전체의 정신적 발전을 위해 반드시 시켜야 할 가치다.

하지만 요즘 세상이 어떠한가. 온갖 소음으로 가득찬 세상이다. 어쩌면 이 세상에서 온전히 무언가에 집중할 수 없다는 것은 한 개인의 문제를 넘어선 사회 전반적인 문제다. 소음은 단순한 소리가 아니라 생각의 살인자다. 깊게 생각하기에 세상은 너무 시끄럽다.

33

"유용한 것들 사이에 쓸모없는 것들이 삶을 아름답게 만든다."

　황금빛으로 익어 가는 옥수수밭을 걷다가 무자비한 발길에 짓밟힌 자리를 발견했다. 수많은 곡식 줄기가 똑같은 모습으로 꼿꼿이 서서 무거운 이삭을 지탱하는 모습을 살피다가 꽃이 눈에 들어왔다. 빨갛고 파랗고 보라색의 다양한 꽃들이 있었다. 작은 잎사귀와 함께 자연스레 자라난 꽃들은 무척 아름다웠다. 하지만 이내 생각했다. 이 꽃들은 아무런 쓸모가 없다고. 열매도 맺지 못하고 없앨 수 없어서 그대로 남아 있을 뿐이다. 하지만 다시 생각에 빠진다. 만약 이 꽃들이 없었다면 옥수수밭은 어땠을까? 끝없이 펼쳐진 곡식 줄기 속에 눈을 사로잡을 만한 것은 아무것도 없었을 것이다. 잠깐이라도 멈춰 서서 아름다움을 느낄 수 있었던 것은 무용한 꽃 덕분이다.

삶도 마찬가지다. 흔히 효율과 결과만을 추구하며 살아간다. 모든 것에 성과를 내고 모든 행위는 분명한 목적과 가치를 지녀야 한다고 생각한다. 그러나 효율적이고 유용한 것만으로 이루어진 삶은 메마르고 삭막하다. 때로는 목적도 없고 쓸모가 없는 듯 보이는 아름다움, 여유가 우리 삶에도 필요하다. 시와 예술, 음악, 사랑하는 사람과의 소중한 시간 같은 것들 말이다. 이들은 당장 실질적인 성과나 이익을 가져다주지 않지만 삶에 위로를 준다. 곡식밭 사이의 꽃들처럼 마음을 풍성하게 하고 삶의 여정을 견디게 해주는 중요한 요소들이다.

사회에서는 쓸모없다고 여겨지는 것들은 버려진다. 효율과 생산의 영역이 아닌 것은 배척당한다. 하지만 삶은 쓸모와 효율만으로 채워질 수는 없다. 때로는 아무런 목적 없이 피어나는 꽃과 같은 존재들이 반드시 필요하다. 그런 존재들이 없다면 삶은 곧 빛을 잃고 삭막한 황무지와 다를 바 없어질 것이다.

삶에는 쓸모없어 보이는 아름다움이 반드시 필요하다. 그것이 우리 삶의 깊이를 더하고 진정한 아름다움을 회복시켜 준다.

34

"많이 웃는 것이 곧 행복이다."

행복을 늘 먼 곳에서 찾으려 하지만 실제로는 행복이 그리 복잡하지 않다. 행복은 우리가 하루 동안 얼마나 자주 웃는가에 따라 결정되기 때문이다. 오래된 책에서 아주 단순한 문장을 읽은 적이 있다.

"많이 웃으면 행복하고 많이 울면 불행하다."

이 문장은 너무나 단순해서 누구나 아는 상식처럼 들리지만 인생의 깊은 진리를 담고 있다.

웃음은 그 자체로 행복이며 동시에 행복을 만들어내는 가장 빠르고 확실한 방법이다. 사람들은 흔히 웃기 위해서는 충분한 이유가 있어야 한다고 생각한다. 성공했거나 원하는 것을 얻었거나 주변 환경이 충분히 좋아야 웃을 수 있다고 믿는다. 그러나 사실은 정반대다. 웃을 수 있는 사람에게는 이미 웃고 있다는 그 자체가 행복의 이유이며 웃을 줄 모르는 사람은 아무리 많은 이유를 가져도 웃지 못할 것이다.

명랑함이 찾아왔을 땐 망설이지 말고 이를 받아들여야 한다. 사람들은 자주 웃음을 사치라고 생각한다. 지금 진지하고 중요한 일을 해야 하거나 어려운 문제가 많을 때는 웃는 것이 적절하지 않다고 생각한다. 그러나 이는 행복의 본질을 오해하는 것이다. 웃음과 명랑함은 우리가 어떤 상황에 처해 있든 결코 방해가 되지 않으며 오히려 모든 문제를 더 쉽게 해결하도록 돕는다.

웃음은 또한 건강과 밀접한 관련이 있다. 건강한 사람은 자주 웃으며 자주 웃는 사람은 더 건강해진다. 어떤 명약이나 비싼 약도 웃음만큼 건강을 지키는데 도움이 되지는 않는다. 반대로 사람의 얼굴에 웃음이 사라지면 삶은 고통으로 변한다. 웃음이 사라진 사람에게는 가장 좋은 일조차 우울과 근심의 대상으로 바뀌며 삶 전체가 무겁고 힘들어진다. 결국 인생의 성공과 행복은 얼마나 자주, 얼마나 마음껏 웃는지에 달렸다. 웃음을 잃지 않는 사람은 어떤 환경에서도 행복을 잃지 않는다.

결국 추구해야 하는 삶의 목표는 단 하나다. 가능한 많이 웃고 가능한 적게 우는 것이다. 그 단순한 진리를 기억하고 실천하는 사람은 인생을 살아가는 가장 지혜로운 사람이다. 행복은 언제나 많이 웃는 사람의 편이다.

35

"너무 가까우면 반드시 상처받는다."

　추운 겨울날, 고슴도치 무리가 추위를 견디기 위해 서로에게 다가갔다. 그러나 이내 날카로운 가시에 서로 찔려 다시 떨어지고 다시 모이기를 반복했다. 마침내 그들은 서로가 상처받지 않을 만큼의 적당한 거리를 유지해야 한다는 사실을 깨달았다. 온기는 느껴지지만 서로를 다치게 하지 않을 거리 말이다.

　인간 사회 또한 마찬가지다. 고독과 외로움을 견디기 위해 서로에게 다가가지만 결국 서로의 성격과 가치관이 가진 날카로운 가시들 때문에 상처를 입고 만다. 사람들은 때로 가까이 다가갈수록 상대방의 내면을 더 잘 이해하고 친밀해질 수 있을 거라 생각한다. 하지만 실제로는 지나친 가까움이 오히려 갈등을 낳는다. 원래 상처는 가장 가까운 사람에게 받는 법이다. 인간은 누구나 자신만의 성격과 신념, 취향이라는 보이지 않는 가시를 가지고 있기 때문이다. 이 가시들은 친밀함이 지나칠 때 서로를 찌른다. 이러한 현실 속에서 우리는 일정한 거리를 유지하는 방법을 터득했다. 바로 예의라는 사회적 규칙이다. 예절은 인간관계에서 서로의 가시에 찔리지 않을 정도의 적당한 거리를 만들어 준다. 지나치게 멀어지지 않으면서도 서로의 영역을 침범하지 않도록 보호해 준다. 이러한 거리감은 서로에게 주는 배려이자 동시에 자신을 지키는 방어책이다. 지나치게 가까운 관계에서는 사소한 말 한마디나 행동 하나도 쉽게 오해를 불러일으키기에 서로의 경계를 존중하고 각자의 영역을 지켜주는 태도가 필수적이다.

결국 인간관계의 현명한 태도는 서로를 인정하고 존중하면서 상처받지 않을 만큼의 거리를 유지하는 것이다. 너무 멀지도 가깝지도 않은 거리가 오히려 관계를 더 건강하게 만든다. 고슴도치처럼 적당한 거리를 유지하며 살아가는 것이 서로에게 가장 안전한 삶의 방식이다.

36

"행복과 불행은 모두 내 안에서 태어난다."

　모두가 좋은 환경에서 태어나고 싶어 한다. 풍요로운 삶, 명예로운 지위, 남들이 부러워하는 평가를 받으며 살고 싶어 한다. 하지만 정작 간과하는 건 환경이나 타인의 평가가 삶을 완전히 좌우하지 않는다는 사실이다. 우리가 느끼는 행복과 불행은 외부적 조건이 아니라 내면의 상태에서 비롯되기 때문이다. 삶의 축복은 세 가지가 있다. 이 세 가지로 인간의 행복이 결정된다.

　첫째, 한 사람의 본질. 다시 말해 가장 폭넓은 의미에서의 개인성으로 건강, 힘, 아름다움, 기질, 도덕적 성품, 지성 등이 포함된다.

두 번째, 한 사람이 가진 것. 이는 소유물과 재산 등 모든 유형의 소유를 뜻한다.

세 번째, 타인에게 어떤 평가를 받는가. 모두가 잘 알듯이 그가 다른 사람들에게 어떻게 비치는지다. 명예, 지위, 평판 등으로 나타난다.

이 세 가지 중에서 가장 중요한 것은 개인의 내적 구성, 즉 한 사람의 본질이다. 그것이야말로 그의 감각과 욕망, 생각들의 총합으로부터 비롯되는 내면의 만족이나 불만족을 직접적으로 만들어 내기 때문이다. 반면 주변 환경은 오직 간접적이고 매개적인 영향을 줄 뿐이다. 같은 외부 사건이라도 모두에게 똑같은 영향을 미치지 못하는 이유가 바로 여기에 있다.

같은 사건을 두고도 사람마다 전혀 다르게 반응한다. 누군가는 사소한 일에도 크게 상처받아 인생 전체가 흔들리지만 다른 누군가는 같은 일을 가볍게 넘기고 금세 일어난다. 그런 차이가 생기는 건 사건이나 환경이 아니라 그것을 받아들이는 내면의 방식 때문이다. 결국 삶은 우리가 세상을 바라보는 시선에 달려있다. 인생이 행복하고 풍요롭게 느껴질지, 메마르고 괴롭게 느껴질지는 모두 내가 세상을 어떻게 바라보느냐에 달린 문제다.

 쉽게 말해, 모든 인간은 자기 의식의 한계 안에 갇혀 있고, 자기 피부를 벗어날 수 없는 것처럼 결코 그 한계를 직접 벗어날 수 없다. 따라서 외부의 도움은 인간에게 그리 큰 의미가 없다. 무대 위에서 한 사람은 왕자이고, 다른 사람은 장관이며, 또 다른 사람은 병사나 장군이다. 그러나 이런 차이는 단지 외형적일 뿐 이 모든 외형의 본질은 똑같은 한낱 배우일 뿐이다. 자신의 처지에서 오는 불안과 고통을 공유한다는 사실은 변하지 않는다. 인생도 마찬가지다. 지위와 부의 차이는 각자가 맡을 역할을 만들어 주지만 결코 내면적 행복과 쾌락의 차이를 만들어 내지는 못한다. 모두가 결국 똑같은 존재이며 고통과 고난 속에 살아가는 평범한 인간일 뿐이다. 고통의 원인은 저마다 다르겠지만 본질은 매우 비슷하다. 고통의 강도는 사람마다 다를 수 있지만 그것이 각자가 맡은 역할, 지위, 재산의 유무와 반드시 비례하지 않는다.

 행복은 반드시 나 자신에게 달린 문제다. 내가 가진 것을 모두 빼앗기고 명예를 잃어도 내면이 견고하면 행복할 수 있다. 반대로 모든 것을 얻고도 내면이 공허하다면 불행할 수밖에 없다. 결국 행복은 우리가 바라보는 마음의 눈에서 결정된다. 내면의 깊이와 성숙함이 있다면 어떤 환경 속에서도 행복을 발견할 수 있고, 내면이 빈약하면 아무리 좋은 환경에서도 불행만을 볼 뿐이다.

그러니 행복하고자 한다면 환경과 조건을 바꾸려는 노력을 멈추고, 내면의 상태를 바꾸려는 노력을 시작해야 한다. 인생의 질은 결국 우리가 누구인지, 우리의 내면이 어떤 상태인지에 달렸다. 세상이 우리에게 행복을 주지 않는다. 우리가 스스로에게 행복을 주는 것이다.

결국, 삶의 행복은 언제나 우리 자신으로부터 시작되고, 우리 자신 안에서 완성된다.

37

"행복은 결국 제자리를 찾는 것이다.
 자신에게 맞지 않는 옷은 결코 편안할 수 없다."

　모든 사람은 행복해지길 원한다. 이를 위해 부와 명예, 좋은 환경 같은 외부적인 요소를 좇는다. 그러나 그렇게 열심히 달려온 끝에 막상 그 모든 것을 얻었음에도 행복하지 않은 사람들이 많다. 왜 그럴까? 이유는 간단하다. 노력해서 얻은 것들이 자기 자신과는 맞지 않기 때문이다. 행복한 삶에 대한 대부분의 기준은 타인의 기준이다. 진정한 행복은 타인의 기준에 맞추거나 세상이 좋다고 말하는 기준에 맞출 때 찾아오지 않는다. 오직 자기 본연의 특성과 능력을 가장 잘 살리는 삶을 살 때 비로소 나타난다.

우리는 때로 자신을 속인다. 모두가 원하는 일, 사회적으로 인정받는 일을 하면 반드시 행복할 것이라 믿는다. 하지만 세상이 제아무리 찬사를 보내도 그것이 자신의 본성에 맞지 않는다면 결국엔 허무와 불만족만 남게 된다. 근본적으로 자기 자신과 맞지 않는 삶은 행복할 수 없다. 이것은 마치 헤라클레스 같은 강력한 힘을 타고난 사람이 억지로 섬세한 세공 작업이나 정신적 업무를 하며 살아가는 것과 같다. 이런 삶은 불편을 넘어 불행으로 이어질 수밖에 없다.

반대로 뛰어난 지적 능력을 가진 사람이 자신의 재능을 펼치지 못한 채 단순한 육체노동이나 자신과 맞지 않는 업무를 하게 되면, 그 불행은 훨씬 더 심각해진다. 자기 안의 능력을 표현하지 못하는 고통은 어떤 어려운 환경보다 더 큰 괴로움을 준다. 삶에서 무엇보다 중요한 것은 자신이 지닌 본연의 능력과 기질을 가장 잘 발휘할 수 있는 자리를 찾는 것이다.

이를 위해 가장 먼저 필요한 건 스스로에 대한 명확한 이해다. 우리는 자신의 능력을 과소평가하거나 때로는 과대평가하기도 한다. 특히 젊을 때는 쉽게 오만해져 자신에게 맞지 않는 자리를 탐하게 될 수 있다. 그러나 진정한 현명함은 내가 누구인지, 어떤 능력을 지녔는지 정확히 이해하고 인정하는데서 출발한다. 그것이야말로 자신에게 가장 잘 맞는 삶의 방식을 찾기 위한 필수 조건이다.

이런 점에서 개인의 내면적 자질은 외부적 소유나 평판보다 비교할 수 없을 만큼 중요하다. 우리는 흔히 재산과 명예를 추구하느라 자신이 가진 고유한 능력과 성격을 돌보는 일을 소홀히 하곤 한다. 하지만 아무리 재산이 많고 사회적으로 인정받아도 그것이 내 본성과 맞지 않는다면 결국엔 불행으로 귀결된다. 이와 반대로 자신에게 꼭 맞는 삶을 선택한 사람은 외부적 소유가 조금 부족하더라도 그 안에서 풍요로운 행복을 느낄 수 있다.

그러므로 우리가 진정 추구해야 하는 삶은 세상이 정해준 기준이 아닌, 오직 자기 자신에게 맞는 삶이다. 타인의 삶을 흉내 내거나 다른 사람의 길을 따라가려 하면 할수록 진짜 행복에서는 점점 멀어지게 된다. 세상이 제아무리 화려한 유혹을 해도, 내 안의 본성과 맞지 않는 것이라면 그것은 과감히 내려놓아야 한다.

결국 행복해지고자 한다면 스스로의 내면에 귀 기울여야 한다. 내 안에 있는 강점과 약점을 솔직히 바라보고, 자신이 가진 능력을 최대로 발휘할 수 있는 자리를 선택해야 한다. 그것이 가장 현명하고도 확실한 행복의 길이다. 행복은 언제나 자기다운 삶을 살아가는 사람의 곁에 찾아온다. 행복이란 결국 내가 있어야 할 자리에 서는 것이다.

38

"인간관계에도 파리 같은 사람이 있다."

파리는 무례함과 뻔뻔함의 상징이다. 다른 모든 동물은 인간을 두려워하여 피하는데 파리만은 당돌하게도 인간의 코끝에 앉는다. 인간관계에서도 이런 파리 같은 존재들이 있다. 그들은 기본적인 예의나 배려의 경계를 가볍게 무시하고 상대의 불편함을 전혀 개의치 않는다. 마치 파리처럼 뻔뻔스럽게 상대의 마음과 공간에 무단으로 침입한다. 한 마디로 선을 넘는 것이다.

이런 사람들은 자신의 무례함을 당당함으로 착각한다. 불쾌감을 표현해도 멈출 줄을 모른다. 선을 넘는 사람들은 언제나 자신의 행위가 문제없다고 믿는다. 아무런 죄책감을 느끼지 못한 채 인간관계에서 지켜야 할 마땅한 선을 무시한다.

무례한 사람일수록 자신의 무례함을 알아채지 못하는 것은 상대의 눈치나 기분을 살피는 감각이 전혀 없기 때문이다. 오직 자신의 욕구에만 민감하며 상대의 불편함에 대해서는 놀랍도록 둔감하다. 그 결과 파리 같은 사람들과의 관계에서 늘 피해를 보는 것은 결국 나 자신이다. 파리 같은 사람에게 지나치게 관용을 베풀거나 인내심을 보이면 결국 내가 고통받게 된다. 한 번의 용인은 곧 더 큰 침범과 무례를 허락하는 신호가 되기 때문이다. 인간관계에서 조심해야 하는 사람 중에 파리 같은 존재들도 항상 포함되어 있다. 대놓고 악인으로 다가오는 사람보다 파리처럼 교묘하게 선을 넘으며 나를 피로하게 만드는 사람들이 때로는 더 고통스럽다. 예의를 모르는 사람들이 가장 뻔뻔하다.

39

"시간을 소비하지 말고 시간을 활용하라."

"시간을 어떻게 보낼까?"

흔히 사람들이 하는 말이다. 여유시간이 주어졌을 때 오직 어떻게 이 빈 시간을 채울지만을 고민한다. 이것은 삶의 가장 큰 오류 중 하나다. 보낸다는 말 안에는 소비한다는 뉘앙스가 담겨있다. 왜냐하면 시간은 결코 소비해야 하는 자원이 아니기 때문이다. 시간은 소비되는 순간 곧 사라지고 다시는 돌아오지 않는다. 시간을 현명하게 활용하지 못하는 사람들은 결국 자신을 위해 주어진 가장 귀중한 자원을 낭비하면서 살아가는 것이다.

평범한 사람들의 시간은 늘 지루함, 무료함으로 가득하다. 자기 안에 스스로를 흥미롭게 할 자원을 지니고 있지 않기 때문이다. 그래서 그들의 여가란 의미 없는 오락, 순간적인 쾌락과 즐거움, 혹은 단지 시간을 흘려보내기 위한 지루한 활동으로 채워진다. 그러나 지혜로운 사람들은 시간이 그 자체로 보물이자 기회임을 안다. 그들은 빈 시간조차 자신을 성장시키고 삶을 풍요롭게 하는데 활용한다.

인간의 지성은 어떤 자극이나 목표 없이 움직이지 않는다. 목표 없이 빈둥거리는 사람은 결국 권태라는 함정에 빠진다. 지성이 움직이지 않을 때 의지 역시 쉬어버리고 인간은 무료함의 노예가 된다. 이런 권태에서 벗어나기 위해 카드놀이, 술과 담배, 또는 의미 없는 잡담과 같은 사소한 일들에 몰두한다. 그러나 이 모든 것들은 시간이라는 자원을 헛되이 태워버리는 일이다.

이와 반대로 지혜를 갖춘 사람은 독서를 통해 지식을 쌓는다. 혹은 자기 자신을 깊이 들여다보는 내면의 여행을 떠나거나 자신만의 창의적인 활동에 몰두한다. 그런 사람에게 시간은 소비되어 없어지는 것이 아니라 매 순간 자신을 위한 투자로 축적된다.

시간을 죽인다는 말은 사실 자신의 삶을 조금씩 죽인다는 뜻과 같다. 그래서 현명한 사람은 결코 "시간을 어떻게 보낼까?" 고민하지 않는다. 그 대신 "시간을 어떻게 쓸까?"를 생각한다. 지혜로운 사람에게 시간은 활용의 대상이며 소중히 다루어야 할 인생의 가장 값진 자산이기 때문이다. 빈둥거리며 하루를 보내는 사람과 끊임없이 자신을 성장시키고자 애쓰는 사람 사이에는 넘을 수 없는 인생의 차이가 존재한다. 시간은 모든 인간에게 평등하게 주어지지만 어떻게 활용하느냐에 따라 완전히 다른 삶을 만든다. 시간을 보내려 하지 말고 시간을 활용해야 한다. 인생의 목적은 얼마나 많은 시간을 가졌느냐가 아니라 얼마나 많은 시간을 제대로 활용했는가에 있다. 시간을 소비하는 사람은 결국 인생도 소비되어 사라진다. 시간을 활용하는 사람만이 자신의 삶을 충만하게 채운다.

2장 행복은 욕망이 만든 신기루다.

3장_
타인이라는 피할 수 없는 운명

40

"인간이 다른 인간에게 줄 수 있는 것은 별로 없다.
 결국 우리는 혼자다."

　인생에서 인간이 다른 인간에게서 얻을 수 있는 것은 생각보다 많지 않다. 우리는 흔히 타인이 내게 줄 수 있는 것들이 많다고 착각하며 살아가지만 그 기대는 이내 무너지고 만다. 삶이란 결국 자신이 걸어야 하는 고독한 길이며 아무도 대신 걷거나 짐을 짊어져 주지 않는다. 고통도 행복도 결국 내가 홀로 직면해야 하는 문제다. 그래서 제일 중요한 것은 혼자 서 있는 나라는 사람이 과연 누구인가 하는 것이다.
　사람은 외로움을 느낄 때 타인에게 의지한다. 사람은 인생이 고통스러울 때 구원자를 찾는다. 하지만 타인이 줄 수 있는 위로, 기쁨, 해결은 일시적일 뿐이다. 결국 시간이 지나면 다시금 자기 자신이라는 현실로 돌아온다. 타인이 대신해 줄 수 있는 것은 없다. 결국 스스로를 기르고 키워나가야 한다. 타인에게 의존하는 것이 아니라 자기 자신으로서 굳게 서는 것이다.

세상은 고통과 불행으로 가득 차 있다. 인간은 자신의 운명을 통제할 수 없으며 때로는 이해할 수 없는 불행이 덮쳐온다. 게다가 이 모든 고통과 불행을 간신히 피해도 지루함과 무료함이 기다리고 있다. 외부에 의존한 행복은 마치 깜빡이는 촛불처럼 언제라도 꺼질 위험을 안고 있다. 악과 어리석음이 세상을 지배한다. 사람들은 운명 앞에서 무기력하고 불쌍한 존재가 되어 버린다. 이렇듯 잔혹하고 냉담한 세상에서 진정한 행복을 유지할 수 있는 유일한 방법은 내가 온전한 나로 홀로 서는 것이다. 내면에 중심이 잡힌 사람은 마치 크리스마스 밤, 눈보라가 치는 바깥과는 대조적인 따뜻하고 환하게 불을 밝힌 방처럼 평화를 유지한다. 세상이 아무리 고통과 혼란으로 가득해도 자기 자신이라는 온전한 세계 속에서 위안을 얻는다. 외부에서 오는 행복은 허상이다. 타인이 건네는 해결책 역시 잠깐의 위로일 뿐이다. 자기 안에서 길러낸 힘으로 혼자서 살아갈 수 없다면 아무 의미 없다.

삶에서 진정으로 얻을 수 있는 것은 내 안에 존재한다. 인생이 혼자라는 사실을 깨닫고 더 강한 내면을 만들어내는 사람에게는 세상이 주는 불행도 지루함도 영향을 미치지 못한다. 자신을 단단히 세우고 자신의 세계를 풍요롭게 가꾸라. 그것이 우리가 추구해야 할 최상의 삶이다. 세상에 기대지 말라. 결국 인생은 자기 자신에게 되돌아오는 길일 뿐이다. 한 인간이 될 수 있는 최선은 자기 자신이다.

41

"육체적 즐거움은 순간이고 지적 즐거움은 영원하다."

인간이 누릴 수 있는 모든 즐거움은 세 가지 영역에서 온다. 첫 번째는 생명력의 즐거움이다. 음식을 먹고 마시고 충분한 휴식을 취하는 것처럼 삶을 유지하는데 필요한 필수적인 본능에서 오는 만족감이다. 두 번째는 육체적 에너지의 즐거움이다. 걷거나 뛰고, 운동이나 춤, 스포츠 같은 육체적 활동에서 느끼는 생생한 기쁨이다. 마지막 세 번째는 바로 지적 즐거움이다. 이 즐거움은 생각하고 배우며 예술을 감상하는 것, 철학적 탐구를 하는 등 오직 인간의 높은 정신적 능력으로만 느낄 수 있는 기쁨이다.

이 세 가지 즐거움 가운데서 지적 즐거움이 가장 고귀하다. 그 이유는 간단하다. 생명력이나 육체적 즐거움은 일시적이기에 반복될수록 결국 무뎌진다. 그러나 지성의 즐거움은 본질적으로 무한하며 반복될수록 깊어진다.

예를 들어 맛있는 음식을 먹는 즐거움은 처음엔 크지만 반복되면 쾌감은 점점 줄어든다. 육체적인 운동도 시간이 흐를수록 즐거움이 감소할 수 있다. 지적 즐거움은 다르다. 훌륭한 책을 읽으면 읽을수록 더 많은 깊이를 발견하게 된다. 예술 작품을 볼 때도 마찬가지다. 처음에는 단순히 아름다움에 감탄하지만 작품 속 숨겨진 철학적 메시지를 발견할 때마다 지적 기쁨은 배가 된다. 지적 호기심과 깊은 사고가 부족한 사람들은 쉽게 외로워진다. 정신적 빈곤 때문에 더 많은 자극과 쾌락에 집착한다. 궁극적으로는 점점 더 행복과 멀어지는 것이다.

특히 지적 즐거움이 중요한 이유는 지적 즐거움을 영위하기 위해서는 반드시 방해받지 않는 여유가 필요하기 때문이다. 육체적 즐거움은 몸의 건강을 필요로 하지만 정신적 즐거움은 방해받지 않을 여유와 혼자만의 시간이 반드시 필요하다. 무언가에 방해 받지 않는 게 점점 더 어려워지는 세상에서 지적 즐거움의 즐거움은 더 커질 것이다. 철학적 질문에 몰입하고 문학 작품에서 삶의 의미를 찾고 새로운 지식을 탐구하는 사람은 늘 활기차고 생명력 넘치는 삶을 살기 때문이다. 결국 지성의 즐거움은 우리를 진정한 인간으로 만든다. 삶을 더 높은 차원으로 끌어올린다. 이 즐거움이 없다면 인간의 삶은 단지 생존을 위한 투쟁과 순간적인 감각적 쾌락으로만 채워질 뿐이다.

정신이 풍요로운 사람은 결코 지루함의 노예가 되지 않는다. 정신이 풍요로워지는 길은 지적 즐거움을 자주 찾는 것이다. 가장 귀한 것은 언제나 정신 안에 존재한다.

42

"재산이란 바닷물과 같다.
 풍족해질수록 더 목이 마르다."

　돈에 대한 인간의 욕망은 끝이 없다. 돈은 마치 바닷물과 같아서 마시면 마실수록 갈증만 더욱 심해진다. 재산은 늘리면 늘릴수록 더욱 큰 욕구가 따라온다. 그럼 이제 인간의 선택은 하나다. 욕구를 충족하기 위해 끝없는 경쟁과 투쟁을 시작하는 것이다. 이 과정에서 인간은 스스로를 지치게 하고, 자신의 삶을 오히려 불행의 늪으로 빠뜨린다.
　부의 본질은 절대적인 만족이 아니라 단지 '추상적인 만족'이다. 음식은 배고플 때만 좋고, 와인은 즐길 수 있는 상태에서만 좋으며, 약은 아플 때만 효과가 있고, 모피는 겨울에만 좋고, 사랑은 젊을 때만 좋은 것이다. 이 모든 것은 상대적으로만 좋다. 오직 돈만이 절대적으로 좋은 것이다. 모든 욕구를 추상적으로 충족시킬 수 있는 가능성을 가지기 때문이다. 바로 이것 때문에 사람들은 돈을 최고의 선으로 생각하며 그것을 얻기 위해 끝없이 매달린다. 하지만 그 끝없는 욕구는 결국 충족될 수 없다는 사실을 깨닫지 못한다.

돈뿐 아니라 명성 역시 마찬가지다. 명성도 마시면 마실수록 갈증이 더욱 커지는 바닷물처럼, 사람의 기대를 끝없이 키우고 만족감을 사라지게 만든다. 소유와 명성의 크기가 늘어나면 인간의 욕구도 함께 늘어나고, 결국 우리는 지속적으로 불만족스러운 상태로 살아가게 된다. 불만족의 굴레 속으로 스스로 걸어 들어가는 것이다.

돈을 완전히 무의미한 것으로 여겨서는 안 된다. 돈의 올바른 가치는 오히려 삶의 외부 위험과 불행에 대비하는 보호막으로서 사용하는데 있다. 재산은 인생의 예기치 못한 불행, 병, 사고, 궁핍과 같은 외부의 위험으로부터 우리를 지켜줄 수 있는 방패가 되어준다. 따라서 현명한 사람은 부를 무한히 늘리는데 집중하지 않고 자신에게 충분한 보호막을 마련하는데 집중한다. 욕구를 끝없이 확장하는 것이 아니라, 자신이 가진 것을 어떻게 가장 현명하게 사용할 수 있을지 고민하는 것이다.

재산을 방패로 삼아 삶의 여러 위험으로부터 자신을 지키는 사람은 평온을 얻을 수 있다. 하지만 돈 자체를 인생의 목표로 삼고, 그것을 무한히 늘리고자 하는 사람은 끝없는 갈증 속에서 고통받게 된다. 행복은 결코 소유의 크기에서 오지 않는다. 자신이 가진 것에 맞추어 욕구를 제한하고 통제하는 현명함에서 온다.

우리가 진정한 삶의 지혜를 터득하려면 돈을 바라보는 시각부터 바꿔야 한다. 부를 추구하되, 삶의 궁극적인 목표로 삼지 말고 우리 삶의 위험을 막아주는 도구로서 이해해야 한다. 그것이 돈을 소유하는 현명한 방법이자 인간이 끝없는 갈증에서 벗어나 만족스럽고 평온한 삶을 살아가는 유일한 길이다.

43

"소중한 삶을 값싸게 낭비하지 말라.
 비열한 자들에게 허비할 시간이 없다."

만약 당신에게 이틀이 주어졌다면 무엇을 할 것인가? 앞으로 남은 삶이 단 이틀뿐이라면 지금과는 완전히 다른 삶을 살려고 할 것이다. 우리에겐 고작 이틀의 인생이 주어졌을 뿐이다. 이 하루 같이 짧은 삶을 어떻게 보낼지 결정할 권리는 누구에게나 있다. 그러나 많은 사람이 마치 끝없는 시간이 자신에게 주어진 듯 불필요한 사람들의 인정과 호의를 얻기 위해 귀중한 삶을 허비한다.

삶의 가장 치명적인 낭비는 자신을 존중하지 않는 사람, 즉 경멸할 만한 악당들의 마음에 들기 위해 스스로의 존엄을 내려놓는 것이다. 혹은 악당에 근접하는 사람들과의 관계를 끊어내지 못하는 것이다.

우리 인생에 찾아오는 불행의 상당수는 잘못된 관계에서 비롯된다. 자신을 존중하지 않는 사람과의 관계를 끊어내지 못하고 계속 유지하는 것은 아첨으로 허비하는 시간만큼이나 낭비적인 삶이다. 그런 관계는 끝없이 우리의 마음을 소모시키고 에너지를 고갈시키며 결국 삶 전체를 병들게 만든다. 나의 내면을 좀먹는 사람들에게 계속 내 곁을 허락하는 것은 더 나은 삶으로 나아갈 수 있는 귀중한 기회를 스스로 박탈하는 것과 같다.

스스로의 가치를 진정으로 아는 사람은, 자신을 깎아내리는 관계에서 기꺼이 벗어날 줄 안다. 불필요한 관계를 끊지 못하는 이유는 대부분 우리가 가진 약점과 두려움 때문이다. 혼자 남겨질까 두려워, 타인의 눈에 차갑고 매정하게 보일까 걱정하여, 혹은 한때 의미가 있었던 인연을 무작정 붙잡고자 우리는 시간을 낭비한다. 하지만 이틀밖에 남지 않은 삶이라면 그런 사람들을 붙잡기 위한 망설임은 단 1초도 없을 것이다.

우리는 우리 자신보다 타인의 기분과 평가를 지나치게 중요시하면서 매번 스스로를 희생하고 있다. 하지만 명심해야 한다. 나를 진심으로 존중하지 않는 사람과의 관계는 언제까지나 변하지 않는 독이다. 조금 더 시간을 들이면 바뀔 수 있을 거라는 착각이 우리를 계속 그 관계에 묶어둔다. 하지만 시간이 더 주어져도 그런 관계는 절대로 달라지지 않는다.

지금 이 순간 필요한 것은 명확한 판단력과 과감한 실행력이다. 내 삶에 독이 되는 사람 나의 존엄을 빼앗는 사람과 과감히 거리를 두어야 한다. 아첨을 거부하고 끊어낼 관계를 망설이지 않고 끊는 것, 이것이 우리 삶을 진정한 의미로 되찾는 유일한 방법이다.

내 삶에 어떤 사람을 두느냐는 전적으로 나의 선택이다. 그 선택이 곧 내 삶의 품질을 결정한다. 삶은 놀라울 정도로 짧다. 악당과 그에 근접한 이들을 위해 삶을 허비할 만큼의 여유는 결코 존재하지 않는다.

44

"자신에 대한 타인의 생각을 과대평가할수록 불행해진다."

인류가 공통적으로 갖고 있는 기이한 약점이 있다. 타인의 평가 속에서 자신을 바라보며 행복을 추구하려 한다는 것이다. 조금만 생각해 보면 타인이 자신을 어떻게 바라보는지 혹은 타인의 입에서 어떤 평가가 나오는지에 따라 자신의 행복이 결정될 수 없다는 것을 금세 알 수 있다. 그런데도 사람들은 타인의 좋은 평가를 받을 때 어김없이 기뻐한다. 마치 고양이를 쓰다듬으면 자연스럽게 그르렁대듯이 인간 역시 칭찬을 듣고 나면 흐뭇한 표정을 짓고 행복해한다.

그러나 이 행복은 실제로 아무런 의미가 없다. 타인의 칭찬이란 자주 가짜이고, 그들이 나를 진심으로 이해한 후 나오는 평가도 아니다. 오히려 나의 허영을 건드리는 거짓말일 가능성이 높다. 하지만 사람들은 자신의 자존심에 관련된 문제라면 설령 거짓임을 눈치챘다고 할지라도 그 칭찬을 환영한다. 더 큰 문제는 타인의 평가가 조금이라도 낮거나 그 평가가 자신이 기대한 만큼의 호의적이지 않을 때 큰 고통을 느낀다는 사실이다. 즉, 타인의 평가에 지나치게 큰 가치를 부여하면 우리의 행복은 타인의 기분과 평가에 따라 요동치게 된다.

이렇게 타인의 생각에 과도한 중요성을 부여하는 사람은 자신의 삶을 스스로 책임지지 못하고 타인의 손에 자신의 행복을 위탁하는 것과 같다. 그런 사람에게는 타인의 기분이나 사소한 의견 하나가 인생 전체의 안정과 행복을 좌지우지하게 된다. 이런 식으로 살아가는 것은 다른 사람의 노예가 되는 것과 다름이 없다. 인간이 지닌 자존심이라는 취약성을 이용하여 세상은 언제나 우리를 자신이 원하는 방식대로 움직이려 한다. 그리하여 대부분의 사람들이 명예와 타인의 평판을 좇느라 정작 자신이 무엇을 원하는지 알지 못하는 채 평생을 허비하게 된다. 타인이 아무리 화려하게 우리를 평가한다 한들 그것이 내 내면의 행복을 보장하지는 않는다.

다른 사람들은 언제나 쉽게 말을 바꾸고 쉽게 평가를 번복한다. 그들의 시선은 변덕스럽고 그들이 우리에게 건네는 평가는 무겁지 않다. 그런 타인의 평가에 우리 인생을 맡기는 것은 매우 위험하다.

 결국 타인이 나에 대해 갖고 있는 생각에서 의미를 발견하는 것이 아니라 나의 피부 안에서 진짜 행복을 발견해야 한다. 타인의 생각에 나의 가치를 넘겨주는 순간 내 삶은 더 이상 내 것이 아니다. 남의 의견을 삶의 중심으로 삼지 마라. 다른 사람의 머릿속에서 사는 인생은 공허하고 허무하다. 인생은 내가 정한 가치와 기준을 따르며 나를 위해서 사는 것이다. 그렇지 않으면 영원히 타인의 그림자 속에서 허덕이며 불행을 반복할 뿐이다. 대부분의 사람이 평생 동안 모든 노력을 기울이고 수천 가지 위험과 고난을 겪으면서 결국 얻으려 하는 것이 타인의 평가를 높기 위한 것일 뿐이라는 건 안타까운 일이 아닐 수 없다.

45

"남들보다 늦는다는 것은 남들보다 오래 간다는 것이다.
진정한 인정은 오랜 시간이 필요하다."

모든 인간은 각자에게 정해진 때를 가지고 있다. 그러나 사람들은 대부분 이 단순한 진리를 깨닫지 못한다. 그들은 오직 자신이 선택한 때에 성공하지 못하면, 마치 그 이후의 모든 가능성이 소멸한 것처럼 쉽게 절망에 빠진다. 이러한 태도는 본질적으로 자신의 삶을 타인의 평가와 외적 기준에 묶어두는 어리석음에서 비롯된다.

인간은 본래 자신의 내면에 가장 적합한 시간이 오기 전까지는 자신의 가치를 온전히 드러낼 수 없다. 각자가 가진 재능과 성품이 최적의 조건 아래에서 무르익기까지는 반드시 적지 않은 시간이 걸린다. 그때를 기다리지 못하고 남들과 자신을 끊임없이 비교하는 순간부터 인간은 스스로 불행의 길로 들어서게 된다.

세상의 모든 위대한 업적이 처음부터 당대의 인정과 환호를 받은 것은 아니다. 오히려 진정한 위대함을 갖춘 작품이나 사람일수록 초기에 쉽게 받아들여지지 않는다. 그것을 평가할 안목이 있는 사람이 나타날 때까지 오랜 세월 동안 묻히고 외면받기 마련이다. 이것은 작품뿐만 아니라 인간의 운명에 대해서도 똑같이 적용되는 진리이다. 자신의 시대가 아직 도래하지 않았다는 사실이 반드시 자신이 가치가 없다는 것을 의미하지는 않는다. 오히려 그것은 자신의 가치를 알아볼 만한 안목을 가진 자들이 아직 나타나지 않았다는 뜻이다.

평범한 사람들의 눈에는 자신과 비슷한 것만이 잘 보일 뿐이다. 그들이 진정으로 뛰어난 사람의 특별한 가치를 알아보지 못하는 것은 당연한 이치다. 이것이 바로 대중에게 빠르게 인정받는 사람이 대체로 평범함을 벗어나지 못하는 이유이다. 뛰어난 재능은 그 시대가 끝난 뒤에야 비로소 빛을 발하기 때문이다. 진정한 재능을 가진 자는 평범한 사람들의 인정을 얻기 위해 자신의 가치와 수준을 떨어뜨려서는 안 된다.

자신의 시대가 아직 오지 않았다고 해서 섣부르게 좌절하지 말라. 오히려 그것을 당신이 평범하지 않다는 가장 확실한 증거로 삼아야 한다. 위대함은 항상 당대의 무관심과 오해 속에서 피어난다. 지금 인정받지 못한다는 사실을 비관하거나 한탄하는 대신, 스스로의 가치를 완성시키며 자신의 때가 올 때까지 인내하며 기다려야 한다. 내가 가진 진정한 가치는 시대와 사람을 선택하며 모든 이에게 동시에 드러나는 법은 결코 없다.

인생은 결코 짧은 경주가 아니다. 자신에게 주어진 속도와 타이밍에 맞춰서 살아가야 한다. 남보다 빠르게 인정받는 것이 중요한 것이 아니다. 진정한 평가자는 시간이다. 모든 가치는 결국 세월이 지나서야 드러난다. 그때를 묵묵히 기다릴 수 있는 자만이 결국 자신의 존재를 가장 온전하게 완성할 수 있다. 그러므로 자신에게 허락된 시간이 아직 오지 않았다면, 조급하게 서두르지 말고 오직 자신의 길을 걸으며 기다려야 한다. 세상이 당신을 이해하지 못하는 지금이 바로 당신의 위대함이 시작되는 때일지도 모르기 때문이다.

46

"인간에게는 다섯 가지의 악덕이 있다.
 욕망, 교만, 분노, 탐욕 그리고 증오다."

　인간은 왜 증오하는가? 불교 윤리에서 주요 악덕은 욕망, 교만, 분노, 탐욕 네 가지로 나눈다. 다섯 번째로는 증오가 추가된다. 증오는 왜 악덕 중에서도 특별한 중요성을 지니는가? 증오는 타인의 존재 자체에 대한 깊은 거부감이다. 일시적인 감정이 아니라 오랫동안 지속되는 감정이라는 점에서 극단적인 형태의 적대감이라고 볼 수 있다.

　증오는 단순히 감정의 폭발이 아니다. 증오란 타인의 존재나 행동이 자신에게 심각한 위협이나 피해로 인식될 때 형성되는 깊은 감정이다. 타인이 나에게 직접적인 피해를 입혔거나 자신의 삶을 침해한다고 느낄 때 증오의 싹이 튼다. 혹은 타인의 존재 자체가 불쾌하거나 위협적으로 여겨질 때도 증오는 점차 그 뿌리를 깊게 내린다.

분노와 증오는 철학적으로 구별되어야 한다. 분노는 특정 상황에 대한 즉각적인 감정의 표현이지만 대체로 빠르게 사라진다. 그러나 증오는 분노와 달리 매우 깊고 장기적인 감정이다. 시간이 흐를수록 오히려 강화되며 나의 내면을 천천히 잠식한다. 처음에는 증오의 대상이 되는 타인을 부정하는 것에서 시작하지만 결국 파괴당하는 건 나 자신이다.

불교가 증오를 다섯 번째 주요 악덕으로 중요하게 다루는 이유는 증오의 사회적 파괴력 때문이다. 욕망이나 교만, 탐욕과 같은 다른 악덕들이 개인적인 갈등을 일으키는 감정이라면 증오는 인간관계와 사회적 구조 자체를 무너뜨릴 수 있는 위험을 지닌다.

얼핏 보기에 증오는 타인을 향한 감정처럼 보일 것이다. 하지만 증오를 품고 살아간다는 것은 나를 소모하는 것이고 내가 나에게 상처를 내는 것이다. 아무리 타인을 향한 감정이라고 할지라도 그 마음이 담겨있는 것은 '나'이기 때문이다. 증오는 내면의 평화를 빼앗고 삶의 활력을 앗아간다. 강한 감정이라는 증오가 마음에 가득차 있는데 그 사이를 비집고 들어갈 수 있는 행복이 있겠는가?

증오가 강해질수록 내면은 고통과 불행으로 물든다. 결국 무너지는 것은 나 자신이다. 증오는 해결되지 않은 고통이 내면에서 썩어가는 과정이다. 뜨거운 돌멩이 하나를 가슴에 얹고 사는 것이다. 증오를 버려야 그 자리에 새로운 삶이 들어온다. 증오는 자기 자신을 먼저 파괴하는 독이다.

47

"절제된 삶은 화려하진 않지만 무너지지 않고
무절제한 삶은 화려하지만 끝내 무너진다."

탐욕과 낭비는 모두 인간을 파괴할 만큼의 잠재력을 가졌다. 하지만 이 두 가지는 본질에서 명확히 구분된다. 탐욕은 미래의 불안과 고통으로부터 자신을 지키려는 지나친 보호 본능에서 비롯된다. 탐욕자는 고통을 피하기 위해 모든 쾌락과 현재의 만족을 포기한다. 결국 자신만의 감옥 속에서 삶의 진정한 의미를 잃어버리게 된다. 더 나은 삶을 향해 나아가는 것은 건강한 행위다. 하지만 더 나은 삶이라는 단어 안에 지나친 욕망이 담겨 있어서 탐욕으로 변하는 순간 이야기가 달라진다. 무언가를 가지기 위해 욕심을 부리는 것이 탐욕이라고 생각하는 사람들이 많다. 허나 미래를 위한다는 말로 현재의 모든 것을 포기하는 것 역시 탐욕이다.

반면 낭비는 반대의 방향에서 나타나는 행동이다. 낭비하는 사람은 현재의 즐거움과 쾌락을 추구하는 것에만 집중한다. 미래의 결과를 전혀 고려하지 않는다. 순간적인 만족, 공허한 쾌락을 얻기 위해 하루를 살아간다. 오늘 하루는 즐거울 수 있다. 하지만 이내 곧 빈곤과 비참함이 다가온다. 낭비로 하루를 보내는 것은 스스로의 삶에 빈곤을 초대하는 일이다.

절제된 삶과 무절제한 삶의 결말은 명백히 다르다. 절제된 삶을 사는 사람은 조용한 위대함 속에서 삶의 진정한 의미를 발견한다. 무절제한 삶은 결국 스스로의 무게를 이기지 못하고 붕괴하게 된다. 절제의 삶은 외적으로는 평범해 보일 수 있으나 내적 안정과 삶의 지속성 입장에서 바라보면 전혀 다르다. 낭비의 삶은 외적으로 화려해 보일지라도 결국 파멸을 초래한다.

탐욕과 낭비가 위험한 이유는 둘 다 삶의 균형을 깨뜨린다는 것이다. 아직 다가오지 않은 미래를 위해 모든 것을 포기하는 것과 미래는 단 하루도 신경 쓰지 않고 오로지 오늘만을 위해 사는 건 어느 쪽이든 균형이 깨져있다. 탐욕은 나의 삶을 지키려다 삶 자체를 잃는 것이다. 낭비는 현재를 즐기려다 미래를 파괴하는 것이다. 절제된 삶은 화려하진 않지만 무너지지 않고 무절제한 삶은 화려하지만 끝내 무너진다.

48

"돈에 집착하는 사람은 자신의 마음에 불안을 저축하고 있는 것이다."

활용과 지배는 전혀 다르다. 인간은 삶의 불확실성으로부터 자신을 보호하기 위해 돈이라는 수단을 활용하지만 어느 순간부터 지배당하기 시작하면 전혀 다른 이야기가 시작된다. 집착은 단순히 돈을 아끼고 축적하는 것이 아니다. 마음 깊은 곳에서 솟아나는 불안과 미래에 대한 공포에서 기인하는 것이다.

얼핏 보면 집착은 합리적이고 현명한 행동처럼 보일 수 있다. 미래의 위협을 최소화하기 위한 저축은 이성적인 삶의 한 측면이기 때문이다. 하지만 문제는 돈을 확보하고 모으는 것이 삶의 목적 자체로 바꾸어버릴 때 발생한다. 돈에 집착하는 자는 미래를 위한 대비를 하고 있다고 믿지만, 실제로는 내면의 공허와 불안을 키우고 있는 것이다. 그렇게 키운 불안은 더 많은 돈을 모아야 한다는 끝없는 강박으로 발전한다.

인간의 마음은 채울 수 없는 우물 같은 것이다. 아무리 많은 양의 돈을 넣고 인정을 집어넣고 행복을 집어넣으려고 해도 계속 비어 있는 것이 인간의 마음이다. 돈을 수단으로 삼을 때는 개인의 삶에 자유를 가져다줄 수 있지만 돈을 목적으로 삼는 순간부터 그것은 삶을 옥죄는 족쇄로 변한다. 집착하는 자는 더 많은 돈을 얻을수록 자신의 삶을 더 많이 잃게 되는 모순 속에 빠진다. 집착은 단순한 욕망을 넘어 정신적 빈곤과 내면의 고통을 초래하는 질병이다. 이미 텅 비어버린 마음에 아무리 무언가가 들어선다고 한들 만족을 할 수 있겠는가.

집착은 행복을 위한 대비가 아니라 불행을 위한 저축이다. 집착하는 사람은 행복을 얻기 위해 돈을 쌓지만 정작 돈이 행복을 가져다주지 못한다는 사실을 깨닫지 못한다. 재물을 향한 지나친 집착은 내면을 서서히 파괴하게 만든다. 돈은 필요한 만큼의 삶을 지탱하는 유용한 수단인 것이 맞다. 허나 삶의 목적이 되는 순간 치명적인 함정으로 바뀐다. 집착은 공포지 지혜가 아니기 때문이다.

재물에 집착하는 자는 결국 풍요 속의 빈곤을 살게 된다. 자신의 삶을 풍요롭게 만들기 위해 돈을 쌓았으나, 그 과정에서 삶 자체를 상실했기 때문이다. 집착은 내면의 감옥이며, 결국 그 대가는 자기 자신을 잃는 것이다. 인간은 돈으로부터 자유로워야 진정한 삶을 누릴 수 있다. 집착은 미래의 불안을 덜어주는 것이 아니라 오히려 불안 그 자체를 축적하는 가장 비극적인 자기기만이다. 돈에 집착하는 삶은 삶 그 자체를 잃어버리는 과정이며, 결국 집착하는 사람은 스스로 만들어낸 정신적 감옥 속에서 생을 마감하게 된다.

진정 인간의 마음이 돈으로 채워질 것이라 생각하는가?

49

"상처받은 사람들은 인간보다 개를 더 좋아한다.
 인간보다 개가 훨씬 더 낫기 때문이다."

세상은 거대한 가면무도회다. 사람들은 겉으로는 고상한 도덕과 지성을 내세우지만 그 가면 뒤에는 위선과 허영, 악의와 탐욕이 숨어 있다. 지적으로 부족한 자는 악의와 비열함을 노골적으로 드러내지만 영리한 자는 교묘히 숨기며 살아간다. 즉 인간은 모두 본성적으로 악을 지니고 있다는 뜻이다. 가장 고결해 보이는 인물마저도 예기치 못한 타락의 흔적을 보인다. 가능한 이른 시기에 세상이 가면무도회라는 것을 깨닫는 것은 매우 중요하다. 특히 선량한 사람들은 이 사실을 뒤늦게 깨달을수록 더 큰 실망에 빠질 수밖에 없다. 심장이 부드러운 재질이기 때문에 더 큰 상처를 받는 것이다. 인간의 가식과 위선을 꿰뚫어 보는 순간, 선량한 사람들은 오히려 인간에게서 멀어진다. 인간은 자주 믿음을 배반하고 기대를 무너뜨리기 때문이다. 상처받은 선량한 사람은 인간 대신 정직한 얼굴을 가진 개에게 위안을 얻는다. 개는 감정을 숨기지 않고 가식도 꾸밈도 없이 바라본다. 인간 세상의 가면 속에서 지쳐버린 이들에게는 오히려 개의 투명한 눈빛이야말로 가장 큰 위로다. 인간보다 개가 더 낫다.

50

"누구에게나 숨기고 싶은 내면의 그림자가 있다."

흔히 악은 타고난 극히 일부의 사람에게만 국한된 현상이라 생각한다. 하지만 그것은 명백한 착각이다. 인간은 존재의 시작부터 이미 악의 씨앗을 품고 태어난다. 모든 인간은 본성 속에 분명히 악한 무언가를 지니고 있다. 인정하기 불편한 사실이지만 절대 피할 수 없는 진실이다.

삶이란 선과 악이라는 두 극단 사이에서 계속해서 흔들리는 줄타기와도 같다. 아무리 훌륭하고 고결한 성품을 지닌 사람일지라도 깊숙한 곳에서 잔인함, 비열함 또는 탐욕이 자리 잡고 있다. 겉으로 드러난 선량함은 악을 감추는 하나의 수단인 것이다. 상황과 환경이 달라지면 언제든 내면의 악이 표면으로 솟아오른다. 선한 사람이 존재할 수 있다면 이는 그가 내면의 악을 억제하거나 감추는 능력이 뛰어나기 때문이다. 선은 악이 존재하기 때문에 가치를 가지며 악은 선이 존재하기 때문에 드러난다. 악은 선의 그림자이며 인간이라는 존재를 구성하는 필수적 요소다.

세상에 악이 만연한 이유는 악이 특별하거나 예외적인 게 아니기 때문이다. 인간은 상황과 조건이 맞아떨어졌을 때 언제든 잔혹해질 준비가 된 존재기 때문에 만연한 것이다. 악을 감출 수 있을지 몰라도 완전히 제거할 수는 없다. 모든 인간이 악한 무언가를 지니고 있다는 사실을 인식하는 것은 인간에 대한 실망이 아니다. 인간을 보다 더 명료하게 이해하는 것이다.

당신이 아무도 없는 방 안에서 아주 솔직한 상태로 스스로에게 물어봐도 답이 나오지 않는가? 진정으로 숨기고 싶은 모습이 없는가? 진정으로 악한 모습이 단 하나도 없는가? 인간은 악과 싸우며 자신의 본성과 평생 투쟁한다. 이 사실을 깨닫는 것은 타인을 위한 것이 아니라 오직 나를 위한 것이다. 인간의 본성에는 누구나 악이 있다는 사실을 알게 되면 살면서 마주하는 모든 악 앞에 그다지 의미를 부여하지 않게 된다. 그저 인간이라서 그런 것일 뿐일 테니까. 다시 말하자면 삶에서 겪는 불합리한 일들에 내가 상처받지 않을 수 있다는 것이다. 인간이란 원래 그런 존재니까. 나 역시 마음 어딘가에는 분명 악이 존재하고 나의 악이 누군가를 해친 적이 있을 테니까. 상처받지 마라. 상처 줬다고 너무 미안해하지 마라. 인간이란 원래 그런 존재일 뿐이다.

51

"분노를 일으키는 것은 사건 그 자체 때문이 아니다.
 인간의 본성 때문이다."

　인간의 본성은 무한한 이기심이 끝이 아니다. 모든 인간의 가슴속에는 증오와 분노, 질투와 원한, 그리고 악의가 축적되어 있다. 이는 독사의 송곳니 속 독액처럼 기회만 기다리다 때가 되면 풀려난 악마처럼 광란하며 폭발한다. 영국에서 보험금을 얻기 위해 자신의 자녀를 굶기고 독살했던 부모들의 잔혹성, 미국 노예제에서 죄 없는 이들을 악마적 잔인함으로 학대했던 사람들의 사례가 이를 극명하게 보여준다. 심지어 페루 군인들을 잔인하게 학대한 장교들, 모잠비크의 노예들을 냉혈하게 다룬 자들도 이 본성을 드러내는 또 다른 증거다. 역사를 조금만 되돌아봐도 수많은 비극이 존재한다. 인간이 어떻게 그

럴 수 있을까 싶을 정도로 비정상적인 일이 가능하다.

인간은 극단적인 상황이 아니더라도 사소한 사건 하나만으로도 내면의 악의를 폭발시킨다. 누구나 마음속에 독을 품고 살아가기 때문이다. 만약 특별한 폭발의 기회를 얻지 못하면 사소한 사건을 붙잡거나 상상력을 동원하여 결국 크게 만들어 분노를 터뜨리고야 만다. 아주 작은 일이라도 인간의 분노를 자극하기에는 충분하다. 결국 인간은 독사처럼 독을 품고 언제든 터뜨리고 싶어 하는 존재다. 화를 낼 만한 일인가 그렇지 않은 일인가는 별로 중요하지 않다. 그저 화를 폭발시키고 싶었을 뿐이다.

52

"모든 삶은 스스로 내린 결정의 총합이다.
내 인생은 내가 무엇을 원했는지를 보여주는 거울이다."

지금 당신의 모습이 마음에 드는가? 지금 당신은 어떤 삶을 살고 있는가? 그저 흘러가는 대로 살아왔기에 불만족하다고 대답할 것인가? 모든 인간은 스스로 정한 바로 그 사람이 된다. 단지 우연히 지금의 삶을 사는 것이 아니다. 내가 되기로 결단한 의지의 결과로 지금의 모습인 것이다.

외부 환경이나 운명을 탓하며 자신의 상황을 비난하는 사람들이 있다. 그러나 엄밀히 말하자면 모든 상황은 결국 내가 선택한 내적 결정과 의지의 표현이다. 인간은 스스로 의도하지 않은 것을 결코 삶의 본질로 삼지 않는다. 즉, 우리의 삶은 우연이 아니라 필연적인 자기 선택의 결과라는 것이다. 지금 내 모습은 과거의 특정한 선택들이 만들어낸 필연적인 결과이며 동시에 내가 원했던 내 모습의 명확한 투영이다. 만약 지금 경제적으로 어려움에 처해 있다면 그는 과거에 자신이 추구한 가치가 안정적인 경제력보다는 일시적인 즐거움이었음을 인정해야 한다. 인간관계의 상처로 괴로워하고 있다면 그것은 과거에 위험한 관계를 놓지 않았던 결정에서 비롯된 것이다. 반대로 사회적으로 성공하거나 존경받는 위치에 있는 사람 역시 그가 내린 일련의 결정들의 결과로 살아가고 있는 것이다.

인생은 복잡한 것처럼 보이지만 이면을 들여다보면 단순하다. 우리는 자신이 정말로 원하는 것을 선택하며 살고 있다. 사람은 결코 원하지 않는 것을 오랜 시간 동안 지속하지 못한다. 내 곁에 남아 있는 사람들, 내가 종사하고 있는 일, 내가 가진 습관 하나까지도 결국 내가 선택한 것들이다. 깊은 인간관계에서 반복적으로 상처를 받는 사람은 자신이 의식적으로는 원치 않더라도 무의식적으로 애정과 인정에 대한 강렬한 욕구를 선택했기에 비슷한 상황을 만들고 있는 것이다. 이렇게 보면 삶은 결국 우리 자신에게 보내는 가장 명확한 메시지인 셈이다. 내가 하는 모든 행동과 선택은 내가 진정으로 원하는 것이 무엇인지 정확하게 알려주기 때문이다.

지금 나의 모습이 만족스럽지 않다면 그 이유는 외부 환경이나 다른 사람의 탓이 아니다. 내가 지금과 같은 삶을 살고 있는 이유는 스스로 이미 그런 삶을 살기로 결정했기 때문이다. 삶의 변화를 원한다면 그저 환경이나 타인을 탓할 것이 아니라 나의 결정을 냉정히 되돌아봐야 한다. 내가 선택한 모든 것이 나의 삶이 되었다는 이 진실은 때로 고통스럽고 불편할 것이다. 하지만 한편으로는 가장 강력한 힘이 되어 준다.

내 삶을 만드는 것이 나의 의지와 결정이라면 지금 내가 다른 의지를 품고 다른 결정을 내리면 인생이 달라진다는 것이다. 내 삶은 결코 우연의 결과가 아니다. 불행히도 내 삶이 이렇게 되었다고 자책하거나 원망하지 마라. 냉정하게 바라볼 때다. 내 삶은 오직 내 선택의 명확한 총합이다. 나 자신이 내린 가장 엄격한 심판이다. 다른 삶을 살고 싶다면 다르게 생각하고 다른 결정을 할 시간이다. 내가 달라지면 내 삶도 달라진다.

53

"굳이 복수하거나 자랑하지 마라.
이미 세상은 모두에게 마땅한 보상과 처벌을 주고 있다."

누군가가 나에게 해를 끼쳤을 때 그가 마땅히 벌을 받아야만 세상이 공평하다고 느낀다. 사람들은 자신이 옳다고 믿는 기준으로 타인을 처벌하거나 벌하려 든다. 반대로 내가 올바른 행동을 했거나 좋은 결과를 냈다면 그에 상응하는 보상이 돌아와야만 한다고 생각한다. 대부분의 사람은 세상이 공정하기를 바란다.

하지만 이런 생각은 잘못된 믿음이다. 세상은 이미 스스로의 방식으로 모든 사람에게 보상과 처벌을 내리고 있기 때문이다.

악한 사람은 신뢰를 잃고 결국 혼자 남겨진다. 거짓말을 일삼는 사람은 끝내 사람들에게 외면받으며 외롭게 살아갈 수밖에 없다. 남을 속여 돈을 번 사람은 그만큼의 손해를 보게 되거나 똑같이 이기적인 사람들에게 속고 만다.

반대로 성실하게 노력한 사람은 시간이 흐를수록 많은 사람들의 믿음을 얻기에 더 많은 기회가 주어진다. 베풀며 살아간 사람은 자신이 어려울 때 도움의 손길을 받는다. 사람은 자신이 살아온 그대로의 대우를 받으며 살아가는 것이다.

그러니 굳이 내가 누군가를 벌하려 애쓰지 말고, 내가 잘했을 때 남의 인정을 강요하지도 마라. 세상은 이미 모두에게 마땅한 보상과 처벌을 정확히 주고 있다.

54

"성격은 결코 변하지 않는다.
 사람을 바꾸려는 노력은 헛수고다."

    누구나 한 번쯤은 타인을 바꾸려는 시도를 한다. 연인, 친구, 가족 등 주변 사람에게 개선되어야 할 점을 말하고 상대가 변화하길 바라는 마음에서 충고를 아끼지 않는다. 하지만 이런 시도는 대부분 실망으로 돌아온다. 격하게 표현하자면 의심의 여지 없이 전부 실망으로 되돌아올 것이다. 상대방은 결국 원래의 모습으로 돌아가기 때문이다. 그때 회의감이 들 것이다.
    왜 인간은 이토록 쉽게 변하지 않을까?
    인간의 성격은 결코 단순한 결심이나 각오로 결정되지 않는다. 오직 타고난 성격과 그 성격을 구체적으로 자극하는 동기에 의해 결정될 뿐이다. 이 사실을 깨닫지 못하는 사람은 늘 변화를 꿈꾼다. 그 변화에는 자신이 변할 거라는 생각과 내가 타인을 변하게 만들 수 있을 거라는 욕망이 같이 담겨 있다. 아무리 결심하고 의지를 불태우지만 결국 이전의 행동을 반복한다. 남는 것은 실망과 후회뿐이다. 아무리 굳은 결심을 했더라도 같은 동기가 다시 나타나면 결국 같은 선택을 하게 되기 때문이다.

사람을 바꾸려는 노력은 본질적으로 헛된 것이다. 사람은 노력하면 변할 수 있다는 사실은 착각이다. 상황이 변해 잠시 행동이 달라진 것일 뿐 성격의 본질이 바뀐 것은 아니다. 결국 시간이 지나거나 환경이 변하면 필연적으로 본래의 모습으로 되돌아갈 수밖에 없다. 사람들은 새로운 목표를 세우고 강력한 결심으로 자신을 바꾸려 하지만, 결국 같은 상황에서 같은 행동을 반복한다. 이 때문에 자신에게 실망하고 좌절하며 자신이 의지가 약한 사람이라고 착각한다. 하지만 진실은 결심이 약한 것이 아니라 성격의 필연성을 인정하지 않았기 때문에 반복되는 것이다. 변화는 내가 원하는 대로 이뤄지는 것이 아니다. 나 자신의 성격이 허용하는 범위 안에서만 가능하다.

그렇다면 우리는 인간의 변화 가능성 자체를 부정해야 하는

가? 그렇지는 않다. 오히려 우리가 해야 할 것은 상대방과 자신을 있는 그대로 받아들이는 일이다. 상대방을 바꾸려 하기보다는 그의 성격과 행동을 있는 그대로 인정하고, 그 위에서 관계의 균형점을 찾는 것이 현명하다. 사람은 변하지 않지만 사람을 대하는 우리의 태도는 변할 수 있기 때문이다.

이런 점에서 인간을 정확히 이해하는 것이 중요하다. 사람을 쉽게 바꿀 수 있다는 환상을 내려놓고 각자의 성격과 본질을 인정해야 한다. 사람을 변화시키려는 노력 대신 사람을 정확히 이해하려는 노력이 더 값지다. 사람은 결코 쉽게 변하지 않는다. 우리가 변화시키고 통제할 수 있는 유일한 것은 오직 우리 자신뿐이다. 결국 사람을 바꾸는 노력이 의미가 없는 이유는 내가 무엇을 하더라도 언제나 원래의 자신으로 돌아가기 때문이다. 사람은 변한다는 기대를 품지 마라. 그 기대가 더 큰 실망을 가져온다. 인간은 누구나 제자리로 돌아오는 시계추와 같아서 아무리 밀어도 원래의 위치로 되돌아온다. 상대가 변할 거라는 생각은 환상이다. 누군가를 변화시키려는 노력은 내가 나에게 저지르는 가장 잔인한 기만이다.

55

"누구나 좋은 시절엔 좋은 사람이다.
진짜 모습은 위기 속에서 나타난다."

　사람의 진짜 성격을 알고 싶다면 평상시의 행동에서는 발견할 수 없다. 어려운 상황이 처했을 때 그를 관찰해야 한다. 사람은 편안한 상황에서는 얼마든지 좋은 모습으로 자신을 꾸밀 수 있지만 위기가 찾아왔을 때는 모든 가면이 벗겨지고 진짜 성격이 그대로 드러난다. 바로 그 순간이 인간의 본성을 가장 명료하게 확인할 수 있는 때다.

　평화롭고 안정된 시절에 보이는 모습으로 누군가를 판단하는 것은 실수다. 좋은 날에는 누구나 친절하고 인내심 있으며 책임감 있는 사람처럼 행동할 수 있다. 하지만 상황이 나빠지고 예기치 못한 문제가 발생하면 숨겨진 성격의 진면목이 불가

피하게 나타난다.

인간관계에서도 마찬가지다. 직장에서도 마찬가지다. 나를 둘러싼 모든 관계에서는 다 똑같은 현상이 일어난다. 평상시에는 좋은 사람인 것처럼 행동하지만 내가 경제적으로 어렵거나 심리적으로 약해진 순간이 되면 태도가 달라지는 사람들을 보게 된다. 평소에는 친절하고 배려 넘치던 사람들이 위기 상황에서는 갑자기 차갑고 무관심하게 변한다. 반대로 평소에 무뚝뚝하고 무심했던 사람이 결정적인 순간에 조용히 손을 내밀고 도움을 줄 때도 있다. 위기가 찾아왔을 때 주변 사람들의 진짜 성격을 생생하게 목격하게 되는 것이다.

사람의 성격이 위기 속에서만 진실하게 드러내는 이유는 숨겨진 본성은 본능적인 반응을 보이는 순간에만 드러나기 때문이다. 위기의 상황에서는 꾸밈과 여유가 사라진다. 오직 내적 본능만이 작동한다. 이것이 바로 인간의 진짜 모습이 위기 속에서 나타나는 이유다.

진정한 관계를 맺고자 한다면 상대의 말이나 평온한 날의 행동만으로는 충분하지 않다. 어려운 상황에서 그가 보이는 행동을 유심히 봐야 한다. 그가 당신을 대하는 태도, 다른 사람을 대하는 태도, 문제를 처리하는 방식을 통해 그의 진짜 성격을 읽을 수 있다.

  살면서 절대 피할 수 없는 것이 위기다. 위기는 인간 모두에게 찾아온다. 그러한 위기 상황에서 드러나는 본성이 결국 그 사람의 진짜 모습이다. 누구도 영원히 가면을 쓰고 살 수는 없기 때문이다. 평온한 순간은 거짓말을 하지만 위기는 언제나 진실만을 말한다. 내 삶이 위기에 처했을수록 주변 사람들을 걸러내기 좋다.

56

"신뢰가 무너지는 것은 사소한 행동 하나다.
  인간관계는 결국 사소한 일로 끝난다."

사람들은 흔히 인간관계의 균열이 커다란 잘못이나 명백한 배신에서 비롯된다고 생각한다. 그러나 진실은 다르다. 커다란 사건으로 관계가 깨지는 경우는 생각보다 드물다. 그땐 관계가 깨졌다고 생각하지 않고 오히려 잘 됐다고 생각할 것이기 때문이다. 배신이나 기만을 당하면 더는 그 사람을 거들떠보기도 싫어진다. 그땐 관계가 끊어졌다는 사실에 대해서는 아무런 이견이 들지 않는다. 허나 보통 관계가 끊어졌다고 표현할 때는 약간의 정이 남아 있을 때다. 친구 관계는 단 한 번의 사소한 거짓말 때문에 무너지고 오랜 세월 쌓아온 믿음은 별것 아닌 일 하나 때문에 흔들리는 일은 드문 일이 아니다.

누군가가 약속을 지키지 못했다고 해서 반드시 관계가 끝나는 것은 아니다. 이를테면 빌린 돈 갚는 날짜를 자주 미루거나 약속 시간에 매번 늦는 사소한 행동들로 인해 조금씩 금이 가기 시작한다. 작은 행동의 반복은 성격을 여과 없이 보여주기 때문이다. 신뢰가 무너지는 것은 어떤 행동이 반복되었을 때다.

많은 사람들이 놓치는 점이 바로 이것이다. 사람들은 친구나 사랑하는 사람의 진심을 큰일을 통해 확인하려 한다. 그러나 사람의 진짜 모습은 매일 일어나는 작은 행동에서 분명히 드러난다. 작은 행동에서 신뢰를 잃었다면 그 관계는 이미 돌이킬 수 없는 균열이 생긴 것이다. 아무리 사과를 하고 다시는 그러지 않겠다고 약속해도 상대방은 이미 그 사람의 진짜 성격을 알고 있기에 이전처럼 순수하게 신뢰할 수 없다. 신뢰는 애초에 만들어지는 것도 어렵지만, 한번 무너지면 다시 회복되는 것이 더욱 어렵다. 특히 작은 일로 무너진 신뢰는 다시 쌓기 불가능에 가깝다. 큰 사건은 용서의 개념으로 넘어가지만 작은 사건의 연속은 신뢰로 귀결되기 때문이다. 인간은 큰 잘못을 저지르는 사람보다는 작지만 반복적인 잘못을 저지르는 사람을 더 신뢰하지 않는다.

작은 배신 하나가 큰 믿음을 송두리째 흔드는 것은 어쩌면 당연한 일이다. 모든 신뢰는 사소함 속에서 태어나고 사소함 속에서 죽는다. 한 번 깨진 신뢰는 그 어떤 접착제로도 붙일 수 없다.

57

"한 번 배신한 사람은
 반드시 같은 방식으로 다시 배신한다."

배신에는 여러 종류가 있다. 돈을 빌리고 갚지 않는 사람, 거짓말을 밥 먹듯 하는 사람, 앞과 뒤가 전혀 다른 사람처럼 각양각색이다. 하지만 내 인생이 가장 힘들 때 곁을 떠난 사람 역시 분명한 배신자다. 그들은 마치 나를 배신했다고 여기지 않을 수도 있지만 본질적으로는 그 어떤 배신자보다 더 잔인한 사람들이다.

배신을 당하고 나면 흔히 두 가지 마음이 든다. 첫째는 분노다. 배신당했다는 사실에 몸서리치게 괴롭다. 하지만 시간이 지나고 감정이 추슬러지면 두 번째 마음이 든다. 바로 용서다.

상대의 진심 어린 사과나 후회를 보면 용서하고 싶은 마음도 들기 때문이다. 인간이라면 누구나 실수를 할 수 있다고 생각하면서 다시 믿음을 주고 싶은 유혹에 빠진다.

하지만 그 순간이 가장 위험한 순간이다. 한 번 배신한 사람은 필연적으로 같은 배신을 반복하기 때문이다. 순간적으로는 용서하고 싶겠지만 그렇게 되면 당신은 다음 위기에 다시 배신당할 각오를 해야 한다. 반드시 그렇게 할 사람이다.

사람은 변하지 않고 인간의 성격은 어디 가지 않는다. 당신이 그를 용서하는 순간 이미 다음 배신의 길을 열어준 것이다. 한 번 배신한 사람에게 다시 신뢰를 주는 것은 이미 잃은 믿음 위에 또 한 번의 배신을 쌓는 어리석은 행위다. 신뢰를 두 번 주는 건 한 번도 주지 않은 것보다 더 위험하다. 용서한 배신은 반드시 더 아프게 되돌아온다.

58

"인간은 자신의 행복보다
남의 불행을 더 달콤하게 여긴다."

타인의 행복을 축하한다는 것은 언제나 아름다운 말로 포장되지만 사실 그리 쉬운 일이 아니다. 특히 가까운 사람의 행복은 진심으로 기뻐하기가 어렵다. 모순적으로 들리겠지만 먼 지인에게 생긴 좋은 일보다 바로 곁에서 지켜본 친구의 행복이 더욱 쓰라리고 불편한 법이다. 그 이유는 단지 나의 이기심이나 심술 때문이 아니다. 인간 본성 속 깊이 내재된 질투 때문이다.

내가 비교하게 되는 것은 늘 가까이 있는 사람이다. 형제가 성공했을 때, 가장 친한 친구가 좋은 결혼 상대를 만났을 때,

오랜 동료가 사회적으로 성공했을 때 그들이 얻은 행복을 나 자신은 얻지 못했다는 사실에 아파한다. 기쁘다는 말과 축하의 인사를 입 밖으로 내뱉으면서도 마음 한구석에서는 왜 나는 저 행복을 갖지 못할까?라는 질문이 끊임없이 맴돈다.

가까운 사람일수록 무의식은 그와 나를 동일한 출발선에 세우려 한다. 함께 시작했기에, 더 오래 함께 했기에, 더 많이 알고 있기에 그 사람의 행복은 더욱 선명한 박탈감으로 되돌아온다. 가까운 사람의 행복은 나의 결핍을 너무나도 정확하게 보여준다.

우리가 타인의 고통에 쉽게 공감하는 이유는 그 고통이 나 자신과 동일하다고 느끼기 때문이지만 타인의 행복 앞에서 쉽게 질투를 느끼는 것은 그것이 내가 얻지 못한 기쁨이기 때문이다.

타인의 불행은 나의 불행을 덜어주는 반면, 타인의 행복은 나의 불행을 두 배로 늘린다. 특히 가까울수록 마치 내가 가질 수 있었지만 놓쳐버린 것처럼 느껴지기 때문이다. 물론 인간은 사회적인 동물이기에 이러한 사실을 철저히 숨긴다. 밝게 웃으며 축하의 말을 건넨다. 그러나 홀로 남았을 때 미묘한 분노, 서글픔, 열등감이 복잡하게 얽힌다. 진심 없는 축하는 결국 자신을 향한 기만이다. 이를 반복하다 보면 진짜 행복을 축하하는 능력 자체를 잃게 된다.

가까운 사람의 행복이 아픈 이유는 결국 나 자신이 아직 충분히 행복하지 못하기 때문이다. 내가 채워지지 않은 상태에서는 타인의 행복이 언제나 위협으로 느껴질 뿐이다. 타인의 행복을 진심으로 축하할 수 있는 능력은 내 삶이 충분히 행복하다는 확신에서만 나온다. 그렇지 않으면 타인의 행복은 언제나 나의 부족함을 공격하는 칼이 된다. 사람은 밝은 미소로 축하의 인사를 건네지만 그 뒤에는 질투의 그림자가 짙게 깔려 있다. 이런 의미에서 누군가의 행복에 진심으로 축하를 해준다는 것은 본능을 거스를 만큼의 어려운 일기에 좋은 사람이라 볼 수 있다.

59

"나를 마주하는 과정은 끝없는 실망의 반복이다.
하지만 인생은 결국 자신을 알아가는 과정이라는 건
변하지 않는다."

　내가 나를 알아간다는 문장 안에는 성장, 성숙 같은 긍정적인 단어가 포함된 것처럼 느껴진다. 그러나 실제로는 정반대다. 자기 자신을 진정으로 이해하게 되는 순간은 대부분 뼈아프다.

　스스로를 용기 있는 사람이라고 믿는 사람이 있다고 가정해보겠다. 하지만 그 사람이 중요한 결정을 내려야 하는 순간 두려움에 압도되어 망설인다면 어떻게 되겠는가? 회피하느라 시간을 낭비하는 순간 즉시 스스로에게 실망하기 시작할 것이다. 나는 원래 용기 있는 사람이어야 하기 때문이다.

하지만 항상 흔들리지 않는 사람이 어디있겠는가. 용기를 낼 수 있는 문제가 있고 용기를 내기 두려운 문제가 있을 수도 있다. 하지만 내 안에 용기가 생각보다 작다는 것을 이해하는 순간 괴로워진다. 내가 스스로를 판단했던 것보다 훨씬 더 나약한 존재라는 것을 받아들여야 하기 때문이다.

이러한 경험은 인간의 삶에서 빈번하게 일어난다. 인정하기 힘든, 초라하고 낯선 모습을 마주할 때가 있는 것이다. 삶은 내가 나에게 품고 있던 환상을 끊임없이 깨트리고 있는 그대로의 나를 여과 없이 드러낸다. 진정한 자기 이해란 이때 힘을 발휘한다. 내가 그런 사람이라는 사실을 인정하고 받아들이는 순간 스스로를 용서할 수 있는 길이 열린다. 자신을 용서한다는 것은, 이상적인 자신에 대한 기대를 내려놓고 현실의 자신을 있는 그대로 받아들이는 것이다.

인생이란 결국 그런 것이다. 나의 부족함과 한계를 마주하며 나 자신에 대한 환상을 내려놓는 과정이다. 자신을 아는 과정은 고통스럽지만 결국 그 끝에서만 진정으로 자신과 화해할 수 있다. 진짜 자신을 알게 되는 순간, 우리는 가장 아파진다. 하지만 그 아픔을 지나고 나면 비로소 평화가 찾아온다. 인생은 결국 자기 자신을 알아가기 위해 존재하는 것이기 때문이다. 초라한 모습도, 비겁한 모습도, 때때로 드러나는 악의마저도 결국 나다. 내가 나를 받아들이기만 하면 된다.

4장_
나 자신을 아는 것이 진짜 지혜다.

60

"진짜 나쁜 사람은 자기 자신만을 생각하는 사람이다."

　무수히 많은 철학자가 나 자신을 먼저 생각하라는 말을 전한다. 하지만 이 말은 이기적으로 행동하거나 자기중심적으로 살라는 뜻이 아니다. 자신을 먼저 생각하는 것과 자신만을 생각하는 것의 차이는 극명하다. 자신을 먼저 생각하라는 메시지는 타인을 무시하거나 해치라는 의미가 아니다. 삶이 본래 고통으로 가득 차 있기에 스스로를 보호하고 세상의 고통에서 자신을 지켜내라는 의미다. 타인에게 의존하지 말고 자신의 내면적 평온과 안정을 지키라는 뜻이다.

　자신만을 생각하는 사람은 이와 다르다. 그런 사람들은 자신

외에는 세상에 아무런 의미 있는 존재가 없다고 생각한다. 타인의 고통이나 피해는 그들에게 중요하지 않다. 자신의 목표와 욕망을 충족시키기 위해서라면 언제라도 타인을 희생시킬 수 있는 사람들이다. 타인은 인격을 가진 존재가 아니라 자신을 위한 도구이자 수단일 뿐이다.

두 유형을 간단히 구별하면 다음과 같다. 자신을 먼저 생각하는 사람을 스스로를 보호하기 위해 타인과 적절한 거리를 두지만 자신만을 생각하는 사람은 타인의 고통이나 피해를 개의치 않고 존엄을 침해한다. 전자가 자기방어적 태도라면 후자는 자기만족을 위한 파괴적이고 약탈적인 태도다.

자신만을 생각하는 사람이 진짜 악질인 이유는 타인의 고통에 무감각하기 때문이다. 인간은 타인의 고통을 느끼고 공감할 수 있을 때만 윤리적인 행동이 가능하다. 자신만을 생각하는 사람은 타인을 도구화하기에 자신이 원하는 것을 얻기 위해 다른 사람의 삶과 감정을 철저히 무시한다. 나 자신을 세상의 고통으로부터 보호하기 위한 적절한 거리는 필요하지만 그것이 결코 타인의 대한 배려와 존중을 배제하는 것은 아니다. 나를 먼저 생각하는 것과 나만 생각하는 것은 전혀 다른 맥락이다. 보호와 이익을 위한 침해는 다르기 때문이다.

타인의 고통을 느끼지 못하는 사람은 인간성을 잃은 사람이다. 그런 사람은 결국 자신이 배제하고 무시한 세상에 의해 버림받게 된다. 자신만 생각하는 사람의 가장 큰 비극은 결국 스스로 외롭고 초라해진다는 것이다. 그 누구에게도 진정한 사랑과 신뢰를 받을 수 없다. 인간은 타인의 고통을 느끼고 공감할 때 진정으로 인간다워질 수 있다. 그것을 느끼지 못하고 사람을 도구로만 생각하는 사람은 세상에서 가장 가난하고 불쌍한 사람이다.

61

"행운은 지능순이 아니다.
　오히려 머리가 좋을수록 영혼은 불행하다."

　지능이 높고 머리가 좋은 사람일수록 더 행복할 거라고 쉽게 생각한다. 현실은 그렇게 단순하지 않다. 오히려 명석한 두뇌는 행복보다는 불행에 더 가깝게 이끈다.

　뛰어난 지성을 가진 사람은 세상을 더 깊고 선명하게 이해하는 만큼, 삶이 품고 있는 고통과 모순도 더 예민하게 느낀다. 평범한 사람에게는 보이지 않는 삶의 이면까지 뚜렷하게 볼 수 있기 때문이다. 삶의 부조리함, 타인의 불합리함, 그리고 세상의 불완전성을 똑바로 직시하며 괴로워한다. 지성이 뛰어날수록 오히려 더 행복을 느끼기 어려운 이유는 행복은 삶을 단순하고 가볍게 받아들이는 태도에서 나오기 때문이다. 명석한 정신을 가진 사람은 삶의 복잡함과 고통을 절대 외면하지 못하고 오히려 뼛속 깊이 통감한다. 그래서 언제나 영혼 깊숙한 곳에서 외롭고 우울할 수밖에 없다.

세상을 이해한다는 것은 때로는 잔인한 일이다. 높은 지능은 삶의 잔혹한 진실과 고통을 감추는 장막을 걷어 내버리기 때문이다. 삶이 주는 가장 큰 아이러니는 이것이다. 뛰어난 머리가 오히려 행복을 빼앗고 무지와 단순함이 때로는 가장 큰 행운이 된다는 사실이다. 지나치게 명석한 사람은 행운보다는 오히려 불행을 담보로 한다. 머리가 좋다는 것은 세상을 지나치게 선명히 보는 것이기에 때로는 눈을 감고 사는 편이 더 행복하다.

62

"한 번 복수를 결심하면 인간은 동물보다 집요해진다."

인간과 동물을 구분 짓는 가장 큰 차이는 무엇인가. 바로 이성이다.

이성이 있다는 것은 논리적으로 판단하고 현명하게 행동할 능력을 갖추었음을 의미한다. 하지만 아이러니하게도 바로 이성 때문에 인간은 동물보다 더 잔혹하고 위험한 존재가 될 수 있다.

우리가 격렬한 감정에 휩싸이는 순간을 생각해 보자. 누군가로부터 모욕을 당하거나 깊은 상처를 받을 때 인간과 동물은 모두 그 순간에 똑같이 분노를 느낀다. 하지만 동물은 감정이 지나가면 금방 잊고 평온한 상태로 돌아간다. 동물의 분노는 순간적이다. 하이에나가 사자를 미워하거나 원숭이가 다른 원숭이에게 오래 원한을 품는 일은 없다. 오직 지금의 감정만을 느끼고 시간이 지나면 사라지기 때문이다.

인간은 다르다. 인간의 이성은 기억하고 계획하는 능력을 가지고 있다. 인간은 원한을 오래도록 품고, 복수를 계획하며 언젠가 실행에 옮길 때까지 인내심 있게 기다릴 수 있다. 인간은 자신이 받은 상처와 모욕을 기억한다. 이 과정에서 원한은 더욱 깊어지고 그 독은 오랜 시간 동안 내면에서 서서히 퍼져 나간다.

인간은 이성을 가졌지만 오직 동물보다 더 동물적이기 위해서만 그것을 사용할 뿐이라고 괴테는 말했다. 동물의 순간적인 분노와 다르게 분노를 유지하고 심지어 더욱 정교하게 만들어 나가는 인간의 본성을 꿰뚫은 표현이다. 이성이 복수심을 끈질기게 유지하고 더 치명적으로 만드는 힘이기 때문이다.

복수심이 무서운 것도 바로 그런 이유 때문이다. 인간이 동물보다 잔인하다고 느끼는 경우가 종종 있는데 그것은 인간이 가진 이성의 두 얼굴 때문이다. 더 정확하게 짚고 넘어가자면 때로는 기억된 원한 같은 것이 존재하는 동물도 있다. 그러나 이런 행동은 동물 세계에서는 매우 드물고 특수한 사례일 뿐이다. 본질적으로 동물은 이성이 없기에 복수라는 개념 자체가 존재하지 않는다. 자신이 받은 고통을 기억하고 상대에게 다시 되돌려주는 능력은 인간의 이성이 얼마나 무서운 것인지 이보다 더 잘 보여주는 예시는 없을 것이다. 하지만 어떤 사람들은 그런 이성적 본능을 최대한 억누른다. 이성의 능력을 복수에 사용하지 않고 분노를 다스리는데 활용하는 것이다.

우리가 가진 이성은 무기가 될 수 있고 뛰어난 약이 될 수도 있다. 복수심을 품는 순간 이성은 독에 물들어버린다. 이성을 더 나은 목적을 위해 사용할 때 인간은 동물과 진정으로 차별되는 고귀한 존재가 될 수 있다.

인간은 언제나 선택의 기로에 선다. 자신의 이성을 복수를 계획하는데 사용할 것인가, 아니면 분노의 원한을 넘어 더 성숙한 존재로 나아가는데 사용할 것인가는 오로지 나의 선택이다. 진정한 인간다움이란 복수하는 능력이 아니라 용서하고 이해하는 능력에 있다.

4장 나 자신을 아는 것이 진짜 지혜다.

63

"생각이 너무 많으면 오히려 망설이게 된다.
정답은 본능이 알고 있다."

결정은 항상 합리성을 요구한다. 자신의 결정이 삶에 미치는 영향력을 체감하면서 살아왔기 때문이다. 최대한 합리적으로 생각하려고 온갖 노력을 할 것이다. 하지만 아이러니하게도 생각이 많아질수록 오히려 결정을 내리기가 어려워진다. 때로는 잘못된 선택을 하게 되는 경우도 있다.

이성적 판단은 항상 완벽한 답을 찾아내지 못한다. 이성에 의해 이루어지는 행동이란 미리 생각해 놓은 목적을 이루기 위해 자신이 만든 규칙을 따르기 때문이다. 그렇기 때문에 목적 자체가 틀렸거나 불분명하면 이성적 판단도 언제든 실수할 수 있다.

본능에 따른 행동은 다르다. 본능적인 행위는 행동이 끝난 후에야 비로소 목적이 이해된다. 만약 길을 걸어가다가 위험에 처한 사람들 도와줬을 때 목적을 가지고 돕지 않는다. 우선 본능적으로 돕고 난 이후에 자신의 행동이 이해가 될 것이다. 본능적인 행위는 미리 이해할 필요가 없다.

이성적인 사람은 모든 결정을 이유와 합리성에 근거해서 내리려 하다 보니 오히려 지나치게 많은 선택지에 휩싸여 쉽게 결정을 하지 못한다. 혼란스러운 탓에 잘못된 선택을 하게 된다. 직감으로 움직이는 사람은 고민을 하지 않는다. 내면에서 나온 답을 따를 뿐이다. 직관은 항상 더 직접적이고 명확한 답을 제시하기 때문이다.

이성적 행동은 목적을 알기에 실패할 수 있지만 본능적 행동은 목적을 모르기 때문에 실패하지 않는다.

과도한 생각은 결국 이성의 노예가 되어 삶을 더 혼란스럽게 만든다. 중요한 결정을 앞두고 끝없이 고민하지만 오히려 최선의 결정은 가슴에서 나온 본능이 이미 알고 있다. 좋은 결정은 가슴이 내리고 나쁜 결정은 머리가 내린다. 생각을 멈출 때 비로소 답이 보인다. 본능은 언제나 옳다.

64

"진정한 행복은 이미 가진 것에 만족하는 것이다.
 마음을 비울수록 삶이 풍요로워진다."

세상은 늘 우리에게 더 많은 것을 소유하라고 강요한다. 더 크고 화려한 집과 더 높은 명예 그리고 타인의 시기 어린 눈길을 끄는 재물을 갖기 위해 끊임없이 달려간다. 그러나 이와 같은 외적인 것에 쏟는 열정이 클수록 오히려 내면은 더욱 피폐해진다. 만족은 언제나 이루어지기 직전에 손에서 빠져나가고 삶은 결코 완전해질 수 없는 결핍의 연속이기 때문이다.

욕망은 끝없는 결핍이다. 하나의 욕망은 충족되자마자 더 큰 욕망을 낳는다. 욕망에 지배당한 사람은 무엇을 얻든 결코 충분하지 않다. 가진 것보다는 가지지 못한 것에 더 초점을 맞추게 된다. 이것이 바로 인간이 행복을 찾지 못하고 끊임없이 방황하는 본질적 이유다.

마음이 가난한 사람은 어떠한가? 마음이 가난한 사람은 욕망이 없거나 적게 가진 사람을 뜻한다. 이들은 가진 것이 아무리 적다 할지라도 이미 그것으로 충분한 행복을 느낀다. 행복은 욕망을 채우는 것에서 오는 것이 아니라 이미 가지고 있는 것에서 만족을 느끼는 것이기 때문이다. 그러므로 삶에서 가장 풍요로운 자는 가장 적게 원하는 사람이며 가장 가난한 마음을 가진 자가 실상 가장 행복한 것이다.

이러한 역설적인 현상은 마음의 평화와도 직접적으로 연결된다. 욕망은 인간 내면에서 끊임없이 고통을 유발한다. 욕망을 내려놓고 비운 자는 더 이상 갈등하거나 고통받을 이유가 없어지게 된다. 독일의 철학자 역시 다음과 같이 말했다.

"자신의 내면 의지 안에서 태아처럼 고요히 머물며 내면의 목소리에만 귀 기울이고 인도되는 사람은 세상에서 가장 고귀하고 풍요로운 사람이다."

이 말처럼, 내적 평화와 만족을 얻은 사람은 겉으로 드러나는 부자와는 본질적으로 차원이 다른 부자다. 소유는 언제나 불안정하고 일시적인 만족을 제공하지만 욕망의 부재는 진정한 만족을 선사한다.

마음이 가난 한 사람, 즉 외부의 물질이나 명예를 추구하지 않고 욕망을 비운 사람은 이미 충분히 가진 사람인 것이다. 이미 존재하는 것으로부터 행복을 이끌어 낼 수 있으며 타인의 인정이나 찬사를 구걸하지 않는다. 외적 조건이 아무리 열악하더라도 내면에 이미 고요한 평화가 자리 잡고 있다.

당신에게 묻겠다. 지금 당신의 시선은 어디를 향해 있는가? 가지지 못한 것을 향해 고개를 들고 있는가 이미 가진 것들을 바라보며 충분히 흡족해하고 있는가? 나는 가진 게 별로 없다고 말하는 사람일지라도 하나하나 자세히 들여다보면 온통 가진 것투성이다. 내 발 아래 있고, 너무나 당연하게 내 옆에 있고, 너무 가까이 있기에 놓친 것뿐이지 당신의 삶은 이미 행복할 만한 요소로 가득 차 있다. 이제 분명해졌다. 진정한 풍요는 소유의 양이 아니라 얼마나 적은 욕망을 가지고 얼마나 깊이 만족하는가에 달려있다. 이미 가진 것으로 만족하지 못하면 원하는 것을 가져도 똑같이 인생이 불행하다. 진정한 행복은 이미 가진 것에 만족하는 것이다. 마음을 비울수록 삶이 풍요로워진다. 욕심을 버릴수록 내면이 고요해진다.

65

"사람들은 왜 세상의 비난을 두려워하는가?
명예를 좇으면 결국 자신을 잃는다."

대부분의 사람들이 의존하면서 살아가는 대상이 있다. 바로 타인의 시선과 세상의 평가다. 자신의 행동을 결정할 때 그것이 옳고 그른지, 내 양심이 진정으로 원하는 일인지 묻기보다 사람들이 나를 어떻게 생각할까?를 먼저 고민하는 경우가 많다. 인간은 타인의 비난과 세상의 평가를 내면의 목소리보다 훨씬 더 크게 여긴다.

그 근간에는 명예라는 망상이 있다. 명예는 타인의 인정이라는 외적 기준에 근거하며 개인의 진정한 자아보다 타인의 기준을 더 중시하도록 이끈다. 명예를 추구하는 것은 본질적으로 외부 세계에 자기 삶의 중심을 맡기는 행위다. 타인의 손에 자신의 운명을 맡기는 것과 똑같다.

명예에 사로잡힌 사람은 자신의 자유를 소비하여 세상의 기준을 충족시키려 한다. 명예를 위해서라면 어떤 고통도 감수하고 본능적 감정이나 순간적인 충동조차도 기꺼이 누른다. 그러나 이 모든 것이 결국 자기 자신을 위한 것이 아니라는 사실이 문제다. 타인의 시선이라는 허상에 자신을 맞추기 위한 행위에 불과하다. 시간이 흐를수록 점점 자신이 무엇을 원하는지 잊어버리게 되고 결국 자기 자신마저도 상실하게 된다.

왜 사람들은 이렇게 명예를 좇으며 자기 자신을 버릴 정도로 세상의 비난을 두려워하는가?

인간은 타인으로부터 인정받으려는 본능적 욕구를 가지고 있기 때문이다. 세상에게 비난받았다는 것은 타인에게 인정받지 못한 존재라는 것과 같은 뜻이다. 때로는 그 고통이 육체적 고통보다 더 강력할 수 있다. 넘어진 상처는 금방 낫는 반면 인정 받지 못했다는 자괴감에서 오는 상처는 한 사람을 무너트리기에 충분할 정도다. 그렇기에 사람들은 자기 자신에게조차 거짓말을 하고 타인의 기대에 자신을 맞추려고 인생을 허비하는 것이다. 명예는 덕과 혼동되어 사람들에게 마치 고귀한 가치인 양 찬양받지만 실상 가장 비극적인 망상 중 하나일 뿐이다. 내가 나 자신을 위해 살지 않고 타인의 눈치를 보는 삶을 산다면 그 삶은 결코 나의 삶이 될 수 없다.

타인이 나를 어떻게 생각하는가? 이 문제는 나 자신과는 아무런 상관이 없는 문제다. 누군가가 나를 칭찬하거나 비난하는 것은 그들의 지극히 주관적인 일시적 판단이다. 그런 판단은 마치 안개처럼 금방 사라지는 덧없는 것에 불과하다. 다른 사람들이 나를 높이 평가하거나 무시한다고 해서 나 자신의 본질이 조금이라도 달라지는 것은 아니다. 나는 여전히 나다.

세상은 끊임없이 타인의 시선을 두려워하라고 속삭이지만 당신은 그 유혹에 넘어가지 말아야 한다. 진정한 행복과 자유는 언제나 세상의 평가를 뛰어넘은 자의 몫이기 때문이다. 비난받을 각오를 하라. 세상의 시선을 버릴 용기가 있을 때 비로소 당신은 당신의 삶을 살게 될 것이다.

66

"인생을 후회하지 않는 단 하나의 방법은
자제력을 잃지 않는 것이다."

　인간은 늘 감정과 욕망에 끌려다니는 존재다. 당장의 충동은 진실인 양 우리를 유혹하지만 이 유혹에 넘어가면 결국 고통스러운 후회를 맞게 된다. 몸은 의지가 물질세계에서 취한 형상에 불과하므로 충동에 몸을 맡기는 것은 그림자의 속삭임에 빠지는 것과 같다. 순간적 충동 대신 명철한 원칙과 냉정한 자제력으로 행동을 통제해야만 한다.

　경험은 마치 우리에게 정답인 것처럼 제시되지만 그것은 가정일 뿐 결코 진리 자체가 아니다. 경험을 진실처럼 믿고 따르는 순간 경험이라는 현상의 그림자에 속아 결국 후회의 길을 걷게 된다.

　진정한 삶은 내면의 원칙에 따라 살아가는 삶이다. 내면의 원칙은 충동의 즉각적인 유혹을 무력화하고 단호한 의지로 삶의 방향을 제시한다. 충동의 유혹은 언제나 달콤하고 매혹적이나 결국 그 끝에는 깊은 후회만이 남는다.

　후회 없는 삶의 유일한 길은 냉정한 자제력으로 충동을 억누르며 삶을 지배하는 것이다. 이는 감정을 억압하라는 뜻이 아니다. 다만 욕망과 감정이 우리를 지배하지 않도록 확고한 원칙과 내적 자제력으로 자신을 다스리라는 것이다. 단호한 의지와 냉정한 자제력은 충동의 희생이 되는 것을 막아주는 가장 든든한 보호막이다.

　후회 없는 삶을 살고자 한다면 달콤한 유혹을 철저히 경계하라. 충동이 주는 일시적 즐거움은 짧지만 원칙과 자제력의 길은 험난하더라도 영속적 보상을 안겨준다. 경험의 노예가 되는 자는 필연적으로 후회할 것이나 내면의 굳건한 의지를 따르는 자는 후회할 일이 줄어든다. 자제력을 잃는 순간 삶을 후회로 얼룩진다.

67
"실수 없이 배우는 교훈은 없다."

　아무런 실수도 하지 않는 방법이 하나 있다. 바로 인생을 착하게만 사는 것이다. 순진무구함 그 자체로 아무런 도전도 하지 않고 아무런 반발도 없으며 그 누구와도 엮이지 않은 채 사는 것이다. 그러나 이러한 삶이 과연 행복한 삶이라고 할 수 있을까? 우리가 실수를 저지르는 이유는 삶이 본래 불확실하고 예측 불가능한 수많은 상황으로 가득 차 있기 때문이다. 도전하고 부딪히고 때로는 실패하는 과정이야말로 인생이 우리에게 교훈을 주는 한 방식이다.

　실수를 경험하지 않은 사람은 결코 깊은 깨달음을 얻지 못한다. 책에서 읽은 수많은 조언과 주변 사람의 충고가 마음에 닿을 수는 있다. 허나 진심으로 인간이 깨닫고 바뀌는 것은 자신이 경험했을 때다. 타인에게 무조건 잘해주는 행동은 결국 이용당한다는 교훈은 이용당해 본 경험이 있어야만 얻을 수 있다. 신중히 판단하지 않고 무조건적인 신뢰를 주었다가 배신을 경험하고 나서야 타인을 신뢰할 때 신중함이 필요하다는 것을 알게 된다. 순간의 분노나 감정에 휩싸여 상대방에게 상처를 준 후에야 말을 하기 전에 먼저 생각하고 신중히 말하는 것의 가치를 알게 된다. 착하게만 살며 실수를 회피하는 것은 자신이 가진 가능성의 대부분을 놓치는 것이다. 완벽하고 안전한 길을 선택하면 그 길 끝에는 아무런 깨달음도 없다. 성장도 없다. 삶의 의미란 완벽하게 계획된 길 위가 아니라 때로는 길을 잃고 헤매며 발견하는 교훈 속에 있다. 실수와 실패는 나를 더 나은 존재로 만들어 주는 소중한 기회다. 그러니 두려워 말고 마음껏 실수하라. 실수가 없다면 당신의 인생은 아무런 흔적도 남지 않는다. 실수 없이 배우는 교훈은 없다.

68

"절대 변하지 않을 사람을 찾는 방법은 간단하다.
그의 선택의 일관성을 보면 된다."

사람과의 관계에서 가장 중요한 것은 결국 변치 않을 믿음이다. 누구든지 처음의 약속은 쉽게 할 수 있지만 시간이 지나거나 환경이 바뀌었을 때도 계속 약속을 지키는 사람은 드물다. 그 이유는 대부분의 사람들이 선택을 상황에 따라 쉽게 바꾸기 때문이다. 믿을 만한 사람과 믿지 못할 사람의 결정적 차이는 바로 이 지점에서 나타난다.

진정으로 신뢰할 수 있는 사람은 선택의 순간부터 이미 결정이 흔들리지 않는다. 애초부터 자신의 내면에서 선택을 내린 것이기에 환경이나 상황에 따라 바꾸지 않는다. 내면에서 비롯된 확고한 마음에서 출발하기 때문이다.

반면 믿지 못할 사람은 이해력과 판단력이 변하기 쉽다. 항상 불확실하기 때문에 선택 역시 쉽게 바뀌고 만다. 환경이 변하거나 새로운 이해가 생길 때마다 자신이 한 결정을 번복하고 결국 주변 사람들에게 상처를 안긴다. 이러한 변덕은 그 사람의 본성이 흔들리고 불안정하다는 증거이며 절대 신뢰를 형성할 수 없다.

믿을 만한 사람인지 아닌지 알아보는 방법은 그의 선택을 관찰하는 것이다. 상대방이 처음부터 어려움과 유혹을 명확히 보고도 자신만의 선택을 흔들림 없이 유지한다면 그의 내면이 진실하며 변치 않을 본성을 지니고 있음을 의미한다. 하지만 작은 흔들림에도 쉽게 흔들리는 사람이라면 결코 오랜 시간 믿음을 유지하지 못할 것이다.

신뢰란 눈에 보이는 말이나 약속이 아니라 그 사람이 보여주는 선택의 일관성에서 나온다. 믿음이란 단지 약속을 지키는 행동이 아니라 절대 흔들리지 않는 마음에서 시작하기 때문이다. 결국 사람은 변치 않는 선택으로 자신을 증명한다.

69

"모든 사람의 친구는 결국 누구의 친구도 아니다."

　모두에게 친절을 베풀고 모든 이와 어울리는 사람은 언뜻 보기에 가장 이상적인 친구처럼 보일지 모른다. 허나 모두에게 좋은 사람으로 남으려는 태도는 진정한 우정을 형성하기 어렵게 만든다. 우정은 본질적으로 제한과 편애를 포함한다. 모든 이를 위한 보편적이고 공평한 우정이라는 것은 현실적으로 존재할 수 없기 때문이다.

　우정이란 상대방에게 특별함을 부여하는 행위다. 모든 이에게 똑같은 가치를 부여한다면 결국 누구도 특별하지 않은 상태로 전락하고 만다. 사람은 누구나 자신의 존재를 인정받고 특별하게 여겨지기를 바란다. 그러나 모든 이에게 같은 친절과 관심을 보이는 사람에게서 특별함을 느끼기란 불가능하다. 결국 그런 사람들은 어떤 깊은 관계도 맺지 못한 채 표면적인 관계들만 유지할 뿐이다. 모든 사람을 공평하게 대한다는 것은 결국 아무도 진정으로 대하지 않는다는 뜻과 같다. 우정은 인간의 이기심과 타인의 존재를 인정하는 인류애 사이에서 일어나는 자연스러운 타협이다. 즉, 진정한 친구 관계는 본래 어느 정도의 이기적인 선택과 편애가 있을 때만 가능해진다. 진정한 친구를 만들기 위해서는 내가 누구에게 특별한 존재가 되고 싶은지를 명확히 결정해야 한다. 나 역시 다른 이들을 분명하게 선택하고 우선시하지 않으면 모두에게 좋은 사람이 되려다 누구에게도 소중하지 않은 사람이 되고 만다.

사회적에는 무언의 압력이 있다. 그 압력은 우리에게 항상 너그러움과 무한한 관용을 요구한다. 물론 용서와 관용, 친절은 소중한 삶의 덕목이다. 하지만 무조건적인 관용과 무분별한 우정은 오히려 관계의 깊이를 방해하고 가벼운 인간관계를 형성할 뿐이다. 모든 이에게 사랑받고 싶다는 욕심을 버려야 한다. 오직 몇몇 선택된 사람만이 진정한 친구가 될 수 있다. 그것이 바로 우정의 아름다움이다.

70
"인간은 모두 다르기에 누구에게나 통하는 법칙 같은 건 없다."

우리는 매일 수많은 충고와 조언에 둘러싸여 살아간다. 미디어, 책, 사람들의 말에서 끊임없이 들려오는 성공담과 인생 지혜는 누구에게나 통용될 수 있을 것 같은 착각을 불러일으킨다. 세상에 흔히 알려진 충고나 지혜가 나에게 효과적이지 않은 이유는 모든 사람을 하나의 틀 안에 묶어 동일시하는 잘못된 전제 때문이다.

인간만큼 다양한 존재가 없다. 변하지 않는 본성은 분명 존재하지만 각자가 가진 고유한 지능과 도덕적 성향, 성격적 기질은 확연히 다르다. 다르다는 고유성 때문에 어떤 충고나 처방이 모든 사람에게 똑같이 적용될 수 없는 것이다. 비슷한 문제에 직면한 두 사람이라도 그 문제를 해결하는 방식과 느끼는 감정은 완전히 다를 수밖에 없다. 하지만 이러한 차이를 무시한 채 세상의 충고는 늘 일반화된다. 성공한 사람의 방식을 따라 하면 나도 성공할 수 있다는 믿음은 편견이며 환상이다. 그 방식이 효과를 발휘했던 배경, 조건, 그 사람만의 특별한 기질은 간과된 채 표면적인 방식만이 마치 만병통치약처럼 제시된다. 이것이 사람들에게 좌절을 안기는 이유가 된다.

삶은 언제나 평균 혹은 표준으로 설명할 수 없다. 각자의 인생에는 고유한 맥락이 있기에 해결책 역시 그에 맞추어져야 한다. 다른 사람이 성공한 방식이 아니라 오직 자신에게 효과적인 방식을 찾아내는데 힘을 쏟아야 한다. 일반적인 충고는 일반적인 충고일 뿐이다. 타인의 성공은 나의 성공과 같을 수 없으며 내 문제를 진정으로 해결할 수 있는 열쇠는 내 안에 존재한다.

세상의 충고는 당신에게는 실패할 것이다. 왜냐하면 세상은 결코 당신을 당신이 아는 것만큼 알지 못하기 때문이다.

71

"우울은 사람을 끌어당기고
 불쾌함은 사람을 밀어낸다."

우울은 불쾌한 기분과 분명히 구별되어야 한다. 흔히 사람들은 우울과 불쾌한 기분을 혼동하지만 이 둘은 결코 동일한 것이 아니다. 우울이란 조용히 사람들을 끌어당기며 때로는 신비한 매력을 품고 주변의 공감을 자아낸다. 근심이 있고 활기가 없는 모습이더라도 매력적으로 보이는 사람은 많다. 반면 불쾌한 기분은 날카로운 가시처럼 사람들을 찌르고 밀어낸다. 주변의 모든 분위기를 싸늘하게 얼어붙게 만든다. 불쾌하다는 것은 못마땅하다는 것이다.

불쾌한 기분이 병적으로 깊어지고 만성적인 형태를 띠면 건강염려증이 나타난다. 건강염려증은 단순한 불쾌감을 넘어 특별한 종류의 고통으로 발전하여 매 순간 이유 없는 불안과 긴장 상태 속에 빠트린다. 모든 것이 다 못마땅한 것이다. 사소한 일에도 지나치게 예민하게 반응하고 아직 오지 않은 미래의 불행까지 스스로 만들어내 끊임없이 걱정한다. 그뿐만 아니라 이미 지나간 과거의 행동에 대해서조차 근거 없는 죄책감을 느끼게 하여 자신을 가혹하게 몰아붙이며 괴롭게 만든다.

건강염려증은 본질적으로 마음속의 병적인 불만과 타고난 불안정한 기질이 합쳐져 나타나는 현상이다. 이런 기질을 지닌 사람은 삶에서 긍정적인 것을 보기보다는 항상 고통과 불만을 찾아낸다. 그리고는 끊임없이 되새기며 스스로를 학대한다. 이 병적인 자기 학대는 삶의 모든 긍정적이고 밝은 측면마저 사라지게 만든다. 극단에 이르게 되면 삶의 모든 의미를 상실한 채 자멸적 선택을 하기도 한다.

어떤 사소한 사건이라도 우리의 감정을 부정적으로 자극하면 그 흔적이 사라지기까지 정상적인 판단력을 상실한 채 혼돈 속에서 방황하게 된다. 아주 작은 티끌 하나라도 눈 가까이에 대고 보면 시야 전체가 흐려지듯 사소한 불쾌함은 마음속 깊숙이 박혀 현실의 모습을 뒤틀어 놓는다. 감정의 균형이 한번 깨지면 현실을 객관적으로 바라보는 힘을 잃고 삶의 모든 장면이 어둡고 비관적인 색채로 물들게 되는 것이다.

인간의 마음이란 미세한 균열만으로도 무너져 내릴 수 있는 유리와 같다. 한 번 깨진 마음은 아무리 노력해도 온전히 복귀되지 않으며 그 작은 균열을 통해 우리는 삶의 모든 어둠을 맞닥뜨리게 된다. 가장 사소한 불쾌함이 때로는 인간을 가장 깊은 절망의 심연으로 끌어당긴다는 잔혹한 진실 앞에 속절없이 흔들릴 뿐이다.

72

"우연의 바람 앞에서 인간은 그저 겨 같은 존재다.
중요한 건 일어난 사건이 아니라 나의 결심이다."

어떤 일어났을 때 사람들은 나에게 벌어진 일의 원인을 외부에서 찾는다. 그리고는 그 사건을 되돌리고자 필사적으로 노력한다. 이런 믿음은 세상의 우연과 착오를 통제할 수 있다고 생각하며 살기 때문이다. 엄밀히 따지자면 이는 모두 헛된 시도에 불과하다. 외부 세계의 사건들이란 그 본질상 우연과 착오로 점철되어 있기 때문이다. 이 우연의 바람 앞에서 인간은 그저 날아다니는 겨와 같은 존재다. 결코 사건 자체를 예측하거나 통제할 수 없다. 절망적이겠지만 자명한 사실이다.

사건이 우연과 착오의 영역에 놓여있다는 것은 단순히 인간을 절망시키기 위해 존재하는 것이 아니다. 오히려 이는 인간에게 철학적인 깨달음을 제공한다. 즉, 중요한 것은 외부 세계에서 일어난 사건들이 아니라 바로 그 사건 앞에서 내가 어떻게 의지를 정하느냐 하는 점이다.

그럼에도 불구하고 많은 사람이 여전히 자신에게 일어나는 사건을 통제하려 애쓴다. 그 이유는 인간이 사건의 통제를 통해 행복과 불행을 결정할 수 있다고 착각하기 때문이다. 사건을 통제하려는 시도는 결국 인간을 무력감으로 몰아넣는다. 통제할 수 없는 것을 통제하려고 하는 순간 인간의 삶은 비극적으로 변해버린다. 그렇다면 진정으로 통제할 수 있는 것은 무엇인가? 딱 하나가 있다. 유일한 통제는 내 내면의 의지뿐이다. 외부 세계가 혼돈과 우연의 지배 아래 있다고 해도 나의 내면 세계는 오로지 나의 선택과 책임으로 존재한다. 다시 말하자면 아무리 힘든 일이 일어나고, 일어나면 안 될 것 같은 일이 발생해도 내가 마음을 어떻게 먹느냐에 따라 달라진다는 것이다. 외부의 사건은 운명의 놀이일 뿐이지만 그것에 대해 어떤 결심을 하고 어떻게 반응하느냐 하는 것은 오직 자신에게 달려 있다.

이것이 삶의 우연을 넘어서는 유일한 방법이다. 통제 불가능하고 온통 고통 속인 외부 세계는 언제나 내 손 밖에 있지만 나의 의지, 나의 내면, 나의 마음은 결코 누구도 침범할 수 없는 성역이다.

절대, 사건 그 자체에 마음을 빼앗기지 말라. 당신에게 통제권이 주어진 유일한 영역은 당신 내면의 의지다. 바람 앞의 겨처럼 무력한 운명을 바라보며 한탄하는 대신, 당신 자신의 마음과 의지에 집중하여 그것을 다스리며 살아가야 한다.

당신 삶의 모든 가치는 오직 당신 내면에 의해서만 결정된다. 세상에서 벌어지는 모든 일은 중요하지 않다. 당신이 스스로 무엇을 선택했느냐 어떻게 받아들이느냐의 문제다. 삶의 사건에 지배받지 말고 오직 당신의 의지에 지배받으라. 당신의 내면이 굳건하다면 그 어떤 일도 고난이 될 수 없다.

73

"착한 사람은 없고 억눌린 사람만 있다.
 힘과 기회가 있으면 악인은 나타난다."

당신은 도덕적인 사람인가? 그렇지 못한 사람인가?

누군가가 이렇게 질문을 한다면 대다수의 사람들은 자신이 도덕적이라고 대답할 것이다. 그 근거는 간단하다. 범죄를 저지르지 않았기 때문이다. 거짓말을 많이 하지 않으며 타인에게 가급적 피해를 주지 않으려고 노력할 것이다. 그래서 자신을 착한 사람이라고 생각한다. 하지만 이는 도덕성이라기보다 오히려 힘이 부족하고 기회가 없다는데서 기인하는 착각일 가능성이 크다.

대부분의 사람들은 본래 선하지 않다. 선함이라는 외피 안

쪽에는 악한 욕망이 억눌려 있을 뿐이다. 나쁜 행동을 하지 않는 이유는 도덕적 양심 때문이 아니라 그렇게 할 수 있는 힘이 없어서다. 예컨대 우리는 큰 권력을 휘두르는 사람들이 때때로 그 권력을 남용하는 모습을 보며 비난한다. 그러나 이는 역설적으로 말하면 그 권력이 내 손에 있었다면 나 역시 권력을 남용했을 가능성이 높다는 뜻이다.

나폴레옹은 도덕적으로 매우 악한 사람처럼 비난받지만 사실 그가 남다르게 악한 사람이었기 때문이 아니라 그의 손에 남다른 힘이 주어졌기 때문이다. 그가 저지른 수많은 비극과 파괴는 그에게 부여된 막대한 권력이 그의 악한 본성을 남김없이 드러낼 기회를 제공했을 뿐이다. 비슷한 권력이 나에게도 있었다면 나 역시 같은 행동을 하지 않았을 것이라고 장담하기 어렵다. 우리를 도덕적으로 보이게 만드는 것은 힘의 결핍이다. 충분한 힘과 기회가 주어졌다면 인간의 숨겨진 본성은 쉽게 드러나고 말 것이다. 그런 점에서 인간의 진짜 모습은 기회가 없을 때가 아니라 오히려 기회가 주어졌을 때 비로소 나타난다. 그 누구도 자신이 정말로 착하다고 자신 있게 말할 수는 없다. 사람들이 자신을 착하다고 느끼는 건 스스로의 본성을 통제하고 억제했기 때문이 아니라 사회가 꽁꽁 묶어 두었기 때문이다. 누구든 특정한 힘과 기회가 주어진다면 억눌렸던 악의 본성이 고개를 들 수 있다.

진정으로 도덕적인 사람이 되고 싶다면 먼저 자신 안에 잠든 악을 직시해야 한다. 자기 자신을 착한 사람이라고 믿는 어리석음에서 벗어나 내 안에도 충분히 악을 저지를 수 있는 본성이 숨어있음을 깨닫는 것이 출발점이다. 그래야만 진정으로 자신을 억제하고 스스로를 진정한 도덕적 존재로 만들어갈 수 있다.

진짜 악인은 멀리 있지 않다. 그 악인은 바로 내 안에 있으며 언제든지 힘과 기회가 주어질 때 나타날 준비를 하고 있는 것이다. 이것이 바로 우리가 평생 도덕을 경계해야 하는 이유다. 악을 억누르고 있다고 해서 선한 것이 아니다. 그 악이 있다는 것을 인정하고 끊임없이 싸우는 사람이 진정으로 선한 것이다.

74

"자존심을 건드리면 모든 관계는 끝을 향해 달린다.
 관계를 지키고 싶다면 서로의 자존심을 보호해야 한다."

　인간관계가 지속되는 이유는 여러 가지가 있지만 그 중 가장 중요한 요소는 서로의 자존심을 보호할 때다. 사랑, 우정, 신뢰가 관계를 유지하는 근본적 요소라고 생각하지만 이 모든 것들이 건강하게 유지되려면 반드시 서로의 자존심이 존중되어야만 한다.

　자존심이란 타인이 함부로 침범해서는 안 되는 자기 존재의 영역이다. 모든 사람은 본능적으로 자기 자신이 가치 있는 존재라는 확신을 갖고 싶어 한다. 따라서 타인이 그 영역을 무시하거나 침해할 때 본능적으로 방어적인 태도를 취한다. 이런 일이 반복될수록 관계는 금이 가기 시작하고 결국 무너지게 된다.

오래 지속되는 인간관계는 서로의 자존심을 건드리지 않고 적절한 선을 유지하는 관계다. 상대방의 자존심을 지켜준다는 것은 아무리 가까운 사이일지라도 민감하게 생각하는 부분을 무시하지 않는다는 것이다. 오랜 시간 쌓아 올린 관계도 한순간의 자존심 훼손으로 쉽게 무너질 수 있다. 인간의 모든 관계는 결국 각자가 지닌 내적 욕구와 욕망의 충돌이라 볼 수 있다. 이 충돌 속에서 자신의 자존심을 지키면서도 상대방의 자존심을 배려할 수 있는 사람이 좋은 관계를 유지할 수 있다. 결국 건강한 인간관계는 자기 자신과 상대방 모두가 존중받고 있음을 지속적으로 확인받는 과정이라 할 수 있다.

오래가는 인간관계를 원한다면 무엇보다 상대방의 자존심을 존중해야 한다. 상대를 진심으로 위한다는 것은 상대의 마음뿐 아니라 상대의 자존심까지 함께 지켜주는 일이다. 자존심을 보호해 주는 사람이 곁에 있다면 그 관계는 시간과 환경을 뛰어넘어 오래도록 지속될 것이다. 상대의 자존심을 지키는 것이 곧 관계를 지키는 일이자 자기 자신을 지키는 일이다.

75

"타인을 찌르는 칼은 결국 자신에게 되돌아온다."

    타인의 고통을 무시하고 상처를 주는 자는 자신의 힘과 우월성을 느끼며 일시적인 만족감을 누릴 수 있다. 그러나 그가 깨닫지 못하는 사실은 자신이 행한 모든 고통이 결국 자기 자신에게 필연적으로 되돌아온다는 점이다. 고통을 주는 행위는 마치 부메랑과 같아서 그것이 언젠가 자신에게 다시 날아오는 것은 피할 수 없는 인과응보의 법칙이다.

    누군가를 해친다는 것은 단지 상대방의 삶을 파괴하는 것에 그치지 않는다. 그것은 자신의 내면 깊은 곳에도 파괴의 씨앗을 심는 일이다. 악행을 저지른 사람은 처음엔 그 결과가 즉

각적으로 나타나지 않을 수 있기에 자신의 잘못을 깨닫지 못한다. 하지만 시간이 지날수록 자신이 뿌린 고통은 점점 자라나 마침내 그의 삶을 잠식하게 된다.

예를 들어 타인을 속이고 이용하는 사람은 언젠가 반드시 사람들로부터 신뢰를 잃고 홀로 버려진다. 폭력을 일삼는 자는 결국 그 폭력이 자신의 몸과 마음을 파괴하는 것을 목격하게 된다. 이는 단지 사회적 보복 때문만이 아니다. 인간은 본질적으로 자신이 행한 악으로부터 자유로울 수 없기 때문이다. 악행은 내면을 조금씩 썩게 만들어 결국 그를 무너뜨린다.

가해자가 자신의 악행으로 인해 고통받게 되는 가장 큰 이유는 인간 내면의 양심 때문이다. 타인의 고통을 모른 척하고 자신의 이익만을 추구했던 자도 언젠가 삶의 한계와 절망의 순간이 찾아왔을 때 자신이 행한 악을 마주하게 된다. 이때 그는 자신이 타인에게 가한 고통을 자신의 것으로 느끼며 고통스럽게 후회하고 괴로워하게 된다. 결국, 모든 악행은 자기 자신에 대한 가장 가혹한 형벌로 변모한다.

인과응보란 외부에서 가해지는 처벌이 아니라 인간 스스로 만들어내는 자기 자신에 대한 심판이다. 타인의 고통을 만들어낸 자는 결국 자기 자신의 고통에서 벗어나지 못하는 운명을 맞는다. 모든 악행의 끝은 결국 자신에게로 돌아온다. 이것이 인생의 변하지 않는 진리이자 인간 존재의 피할 수 없는 비극이다. 타인을 찌르는 칼은 결국 자신에게 되돌아온다. 항상 선량하게 살아야 하는 이유기도 하다.

76

"인간을 불행으로 몰아넣는 진짜 원인은
 지루함과 고독이다."

　행복이란 인간이 궁극적으로 추구하는 상태다. 사람들은 행복의 반대가 불행이라고 쉽게 결론짓지만, 더 본질적으로 말하자면 행복의 가장 큰 적은 바로 '지루함과 고독'이다. 이 둘은 겉보기엔 다르게 보이지만 근본적으로 같은 원천에서 비롯된 인간 내면의 빈곤이다.

　지루함은 단지 할 일이 없거나 시간이 무료하게 흐르는 상태를 넘어 인생의 의미 자체가 희미해지고 사라지는 상태다. 지루함 속에서 인간은 자신의 존재가 무가치하다고 느끼고 삶의 목적과 이유를 잃어버린다. 지루한 삶은 스스로와의 소통마저

끊어진 채 표류하는 영혼과 같다. 결국 지루함은 행복을 위한 가장 기초적인 내면의 연결을 단절시킨다.

고독 또한 많은 사람들이 두려워하는 감정이다. 인간은 본질적으로 사회적 존재이기에 혼자 있으면 불안해진다. 때로는 극심한 공포마저 느낀다. 고독은 타인과의 연결이 단절된 상태를 의미하는데 많은 사람들은 이런 단절을 견디지 못하고 타인과의 피상적인 관계 속으로 도망친다. 그러나 피상적인 관계는 결코 진정한 행복을 주지 못하며 오히려 내면의 공허를 깊게 할 뿐이다.

인간이 행복하지 못한 가장 큰 이유 중 하나는 바로 이러한 고독과 지루함에 대한 내면적 취약성 때문이다. 행복한 사람은 타인 없이도 자신과 충만한 관계를 맺고, 무료함 없이 자기 내면의 세계를 즐길 줄 안다. 고독 속에서 자신과 깊은 대화를 나눌 줄 아는 사람은 결코 외롭지 않다. 지루함 없이 스스로의 내면을 탐험하는 사람은 결코 삶이 무료하지 않기 때문이다.

그러나 많은 사람들은 홀로 있으면 곧바로 자신과의 연결을 놓쳐 버린다. 온갖 자극에 의존하며 무료한 시간을 메우려 안간힘을 쓴다. 혼자 남겨졌을 때 자신의 내면에서 어떠한 의미도 찾지 못하는 사람은 곧 지루함과 고독의 희생자가 된다. 이들은 결국 자기 자신을 견디지 못하고 타인의 시선과 평가에만 매달리며 허무한 삶을 반복한다.

지루함과 고독이 행복을 가장 강력하게 위협하는 이유는, 이 두 가지가 바로 자기 자신과의 관계를 단절시키기 때문이다. 타인과의 관계가 아니라 자신과의 관계가 가장 본질적인 행복의 토대다. 자신과 연결되지 못하는 사람은 외부의 어떠한 관계에서도 결코 진정한 행복을 얻지 못한다. 내가 나와 연결되지 않았는데 어떻게 타인과 연결되고 세상과 연결되겠는가.

행복한 사람은 고독과 지루함을 회피하지 않는다. 지루함과 고독을 견디지 못하는 자는 평생 진정한 행복을 경험하지 못한다. 행복이란, 고독과 지루함 사이에서 자신을 발견할 줄 아는 용기이며 내면의 세계에서 진정한 만족을 찾는 능력이다. 행복한 사람은 지루함 속에서 의미를 찾는다. 행복한 사람은 고독 속에서 자신을 발견한다. 고독과 지루함을 견디지 못하는 건 앞으로의 인생을 불행하게 살겠다는 선언과도 같다.

77

"삶은 이미 충분히 고통스러운데
왜 자신마저도 속이며 살아가려 하는가?"

고대의 사람들은 자신이 원하는 바를 공개적으로 표현했다. 그리고는 그 본능에 따라 행동했다. 그들은 자신의 욕망이나 삶에 대한 열망을 감추지 않고 오히려 적극적으로 세상에 드러냈다. 반면 현대인은 표면적으로는 도덕적 규범과 사회적 가치를 존중하는 척하면서도 내면에는 그 반대의 욕망을 품고 있다. 사람들은 겉과 속이 다른 위선적인 삶을 살면서도 그것을 당연한 일처럼 받아들인다. 현대 사회는 말과 행동의 괴리가 일상화된 세상이다.

이렇게 겉과 속이 다를 수밖에 없는 이유는 삶의 의지를 본질적으로 부정하는 윤리관 때문이다. 세상의 수많은 것들은 삶의 의지를 천천히 억제하라고 가르친다. 하지만 인간의 본성은 정반대로 움직인다. 사람들은 겉으로는 욕망을 부정하고 이성을 찬양하지만 실제로는 본능에 충실한 삶을 원한다. 이로 인해 사람들은 겉으로 드러나는 자신과 내면의 진정한 자신 사이에서 끊임없이 갈등한다. 현대 사회는 고대보다 겉으로는 더 도덕적이고 세련되어 보인다. 그러나 그것은 철저한 가면이다. 허상이다. 사람들은 더 자기 자신을 있는 그대로 드러내지 않고 오직 세상의 눈치를 보며 자신을 왜곡한다. 내면의 진실과 외면의 거짓 사이에서 끊임없이 모순된 삶을 살아가는 것이다.

현대인은 이제 가면을 벗고 진실한 자신과 마주해야 한다. 위선적인 삶이 가져오는 고통과 자기 소외에서 벗어나려면 용기가 필요하다. 세상에 속고 자신에게 거짓말하는 삶을 살기엔 우리의 인생이 너무 짧고 소중하다. 삶은 이미 충분히 고통스러운데 왜 자신마저도 속이며 살아가려 하는가? 가면 속에서 보낸 하루는 결국 잃어버린 하루에 지나지 않는다. 한 번쯤은 온전한 당신 자신으로 살아봐야 하지 않겠는가.

당신이 지금 가장 원하는 것은 무엇인가?

쇼펜하우어 서재에서 훔친 인생 지혜 77선

ⓒ 김철 2025
초판 1쇄 발행 2025년 8월 21일
　 3쇄 발행 2025년 12월 4일

지 은 이 | 아르투어 쇼펜하우어
펴 낸 이 | 김철

마 케 팅 | 강진석 서예린 홍승현
펴 낸 곳 | 도서출판 히웃
출 판 등 록 | 2020년 4월 28일 제 2020-000109호
전 자 우 편 | heeeutbooks@naver.com

I S B N | 979-11-92559-08-7

*이 책의 판권은 저자와 히웃에 있습니다.
*이 책 내용의 전부 또는 일부를 재사용하려면 반드시 양측의 동의를 받아야 합니다.